REPONSE
A L'A
RELATION

[*Envoyée par le Cardinal Torregiani aux Miniſtres Etrangers réſidens à Rome,*] *de ce qui a précédé & accompagné l'expulſion du Cardinal Acciajuoli de la Cour & du Royaume de Portugal,* &c.

OU L'ON MONTRE

Quels ſont les égards que les Miniſtres du Pape prétendent avoir eus pour Sa Majeſté très-Fidéle le Roi de Portugal.

Conticuêre omnes, intentique ora tenebant.

TRADUIT DE L'ITALIEN,

Imprimé à Veniſe chez Antoine Zatta, avec les permiſſions ordinaires.

M. DCC. LX.

AVERTISSEMENT.

L'Apologie Italienne, en forme de Relation, envoyée par M. le Cardinal Torregiani, Secrétaire d'Etat de Sa Sainteté, à tous les Nonces des Cours Catholiques, fut débitée publiquement l'année derniere à Paris, traduite en François par les soins de l'Abbé Berardi, alors Auditeur de la Nonciature. Il parut bien-tôt après une réponse Italienne à cette espéce de Manifeste. Elle est attribuée, au-delà des Monts, à M. le Commandeur d'Almada, ci-devant Ministre Plénipotentiaire de la Cour de Portugal à Rome, aujourd'hui résident à Thurin. L'Auteur, disent les Romains, semble vouloir garder l'incognito ; mais les voiles dont il se couvre sont si transparens, qu'il seroit difficile de le méconnoître.

Quoiqu'il en soit, la Réponse dont nous donnons la traduction, rapportant en entier l'apologie du Ministere politique de Rome, & la réfutant pié-à-pié, mettra les Lecteurs en état de juger contradictoirement le procès qui s'est élevé entre la Cour de Lisbonne & celle de Rome.

Toute l'Europe est attentive aux suites de ce premier événement : il peut en avoir de très-intéressantes pour l'Eglise. Déja quelques Gens de bien, qui croyent lire dans l'avenir, s'écrient en admirant les voies de la Providence :

Via prima salutis
(Quod minimè reris) Graiâ pandetur ab urbe.

La ressource viendra d'où vous n'osiez l'attendre.

Nous avons copié la Traduction Françoise que l'Abbé Berardi a donnée de la Relation, excepté dans un petit nombre d'endroits, où le Traducteur avoit tantôt adouci, tantôt supprimé des termes injurieux, & des expressions Ultramontaines, qui pouvoient blesser les oreilles Françoises. Nous avons retouché ces endroits, & rendu la version entierement conforme à l'Italien. Quant à la Réponse, on ose assurer que la traduction est fidéle, sans être servile. On a tâché de lui donner un air original ; mais sans s'écarter de la pensée de l'Auteur.

REPONSE

REPONSE
A LA
RELATION

[Envoyée par le Cardinal Torregiani aux Miniſtres Étrangers réſidens à Rome] de ce qui a précédé & accompagné l'expulſion du Cardinal Acciajuoli de la Cour & du Royaume de Portugal, &c.

RELATION

De tout ce qui a précédé & accompagné l'expulſion du Cardinal Acciajuoli, Nonce de Sa Sainteté, de la Cour & du Royaume de Portugal ; & le départ du Commandeur d'Almada & Mendoza, Miniſtre Plénipotentiaire de Sa Majeſté très-Fidèle, de la Cour de Rome.

„ LE 6 du mois de Juin dernier, on célébra
„ à Lisbonne, ſans que le Public en eût
„ été prévenu, le mariage du Séréniſſime Infant

A

» *Dom Pedre* avec la Sérénissime Infante *Dona*
» *Marie-Françoise*, Princesse du Brésil. Le mê-
» me jour on fit part de cette agréable nouvelle
» non seulement à tous les Ambassadeurs des
» Cours étrangeres, mais aussi à la plûpart des
» Ministres du second ordre; & ce fut le Sé-
» cretaire d'Etat Don Louis da Cunha, qui en
» donna avis par un billet...

» On n'eut pas la même attention pour le
» Cardinal Acciajuoli, quoiqu'il résidât à Lis-
» bonne avec le titre & les pouvoirs de Nonce
» Apostolique.

I. OBSERVATION.

Si l'on n'a pas eu cette attention pour M. le Cardinal Acciajuoli, c'est que depuis long tems son Eminence abusoit du caractere de Nonce, & ne s'en servoit plus que pour manœuvrer indécemment, & pour traverser par des intrigues téméraires, séditieuses & clandestines les desseins justes & profonds de Sa Majesté très-Fidéle. Il accumuloit incongruités sur incongruités; il avoit manqué de respect, pour ne rien dire de plus fort, jusqu'à braver l'autorité du Roi dans sa propre Cour, & à mépriser tous les fidéles sujets de Sa Majesté. On ne le regardoit plus à la Cour comme un Ministre qui dût être admis aux Audiences des personnes Royales, pour les complimenter sur le mariage de la Princesse du Brésil. Comme c'étoit uniquement pour régler l'ordre de ces Audiences, que M. da Cunha notifioit ce mariage aux autres Ministres étrangers, il eût été inutile, & même déplacé, de faire cette notification au Cardinal Acciajuoli.

Relation.

» Son Éminence sentit parfaitement, que
» c'étoit une omission faite de propos délibéré,
» pour offenser sa personne & son caractere.

II. OBSERVATION.

L'omission si naturelle dont se plaint ici le Cardinal, n'étoit certainement pas une marque de considération pour sa personne ni pour son caractere : mais c'étoit une satisfaction que le Roi devoit à la Majesté Royale, grievement blessée par la conduite irréguliere de son Eminence. Le caractere de Nonce ne lui donnoit aucun droit d'insulter le Prince sur son Trône par des pratiques clandestines & séditieuses : sa Nonciature ne l'autorisoit nullement à tenter de corrompre une Nation entiere qui se piqua toujours d'une inviolable fidélité pour ses Rois.

Relation.

» Depuis long tems ce Prélat ne jouissoit plus,
» dans cette Cour, de la considération due à sa
» qualité de Nonce & à sa dignité de Cardinal:
» mais tant qu'il avoit pû se persuader, ou
» plutôt forcer son imagination à croire, qu'on
» n'en vouloit qu'à sa personne, il s'étoit réduit
» à tout souffrir, à tout dissimuler avec une
» inaltérable patience. Dans la conjoncture dont
» il s'agit aujourd'hui, cette conduite ne pou-
» voit plus avoir lieu. Comme on manquoit à
» tous les égards qu'il est d'usage d'avoir pour
» les Ministres des Princes, le Cardinal com-
» prit que ces procédés, pleins de mépris pour

A ij

» lui, étoient un outrage public qu'on faisoit,
» en sa personne, à la dignité de son Maître,
» & du Chef suprême de l'Eglise. Il jugea donc
» que ce n'étoit plus le tems de dissimuler.

III. OBSERVATION.

Si depuis long-tems on refusoit à son Eminence les égards qui sont dûs à un Nonce & à un Cardinal, elle pouvoit bien comprendre que l'on avoit de très-fortes raisons d'en user ainsi. Ce que le Cardinal appelle une omission, ne devoit nullement le surprendre. Il devoit faire reflexion que les égards qu'on ne lui rendoit plus, avoient cessé au moment qu'il avoit abandonné le vrai, & changé le stile de ses Lettres; changement dont nous parlerons dans la suite. Il lui étoit donc aisé, sans faire les efforts d'imagination dont il parle, de sentir combien l'omission qui le blesse étoit naturelle & conséquente. Au lieu de s'alambiquer l'esprit, il n'avoit qu'à rectifier sa conduite en retournant au vrai, & reprenant le stile dont il s'étoit autrefois servi. C'étoit le moyen de s'attirer de nouveau les attentions que l'on avoit eu pour lui. Ainsi il ne devoit pas mettre en jeu la dignité respectable du Pape son Maître. C'est mal-à-propos que l'on compromet ici le Chef suprême de l'Eglise; puisqu'il est question d'un Roi offensé, non par ce *Chef suprême* de l'Eglise, mais par son *Nonce* à Lisbonne. Ce qu'on appelle ici une patience inaltérable, n'est donc en effet qu'une opiniâtreté insultante, soit de la part du Ministere politique de Rome qui tenoit ce Nonce à Lisbonne malgré Sa Majesté très-Fidéle; soit de la part de son Eminence, qui de propos délibéré par une politique pernicieuse affectoit une patience héroïque pour couvrir ses mauvais desseins. Ni le *Prince suprême de l'Eglise*, ni les autres Souverains, ne peuvent & ne doivent se formaliser de ce qu'une Tête couronnée fait éclater à la face de l'Univers son juste ressentiment contre un de leurs Ministres, soit Nonce, soit Cardinal, assez audacieux pour insulter à la majesté du Trône. Ici, le Pape avoit d'autant moins sujet de se plaindre, que le Roi, bien éloigné de lui manquer, lui donna dans le moment même la preuve la plus authentique du respect qu'il devoit en pareil cas à Sa Sainteté. Le jour même il fit partir un courier extraordinaire, pour lui faire part, ainsi qu'aux autres Souverains, du mariage de la Sérénissime Princesse du Brésil.

Comment le Cardinal peut-il conclure de ceci, que la Cour & le Ministere de Lisbonne ont outragé le *Chef suprême* de l'Eglise ? Est-ce un outrage au Pape, de n'avoir pas admis ce Nonce Cardinal à l'Audience des Personnes Royales ? Non, sans doute ; puisqu'il n'y a rien de commun entre la conduite séditieuse d'un Nonce Cardinal qui manœuvre de son chef, & un Souverain Pontife rempli de droiture, de justice, de religion.

Rélation.

» Il prit le sage parti d'employer les remèdes
» les plus propres à prévenir tout désordre qui
» pourroit arriver.

IV. OBSERVATION.

On pouvoit se dispenser de qualifier de

sage le parti que prit le Cardinal Nonce. Ce parti étoit offençant pour la Cour de Lisbonne, & elle s'en tint réellement offensée. Il étoit honteux pour la Cour de Rome, comme on le sentira mieux dans la suite. Au reste le *désordre*, c'est-à-dire, sans doute, quelque soulévement que le Cardinal craignoit qu'on ne vît arriver à Lisbonne, rappelle aussi-tôt à l'esprit une menace pareille faite par le Général des Jésuites dans son fameux Mémorial, pour arrêter la réforme de son Ordre, commencée par l'Eminentissime Cardinal Saldanha. La *Relation* si fidéle que nous examinons, partiroit-elle de la même plume que le *Mémorial*? Qui peut le sçavoir? Mais si les fréquentes conférences de l'Eminentissime Torregiani avec le Général Ricci, dont nous parlerons dans la suite, ont l'objet qu'elles paroissent avoir, on peut dire sans jugement téméraire, que la Relation à beaucoup d'affinité avec le Mémorial.

Nous ignorons si le Card. Nonce insinua cette menace à M. da Cunha, en lui faisant ses plaintes *modestes*. Il n'y a point d'apparence, s'il est vrai qu'elles furent modestes. S'avise-t-on de déclarer la guerre au moment même où l'on demande la paix?

Relation.

» Son Eminence commença par aller le mê-
» me jour chez le Sécretaire d'Etat, Don Louis
» da Cunha, & elle se plaignit modestement
» de ce qu'on ne lui avoit pas envoyé, com-
» me à tous les autres Ministres, le billet de
» notification. Don Louis da Cunha répondit,
» que ce billet n'avoit pas été envoyé pour
» notifier le mariage de leurs Altesses Royales,

» mais pour inſtruire les Miniſtres des Princes,
» du rang & de l'ordre qu'ils devoient tenir en
» allant prendre leurs audiences à la Cour:
» Inſtruction qui ne regardoit pas ſon Eminen-
» ce; puiſque actuellement elle n'étoit point
» dans le cas de ſe préſenter comme les autres
» Miniſtres.

V. OBSERVATION.

La réponſe de M. da Cunha s'accordoit parfaitement avec ce que nous avons dit dans la
premiere Obſervation, & ce que nous répé-
terons plus d'une fois dans la ſuite de cet Ecrit.
Le Cardinal ſçavoit, à n'en pas douter, de
quel œil on le voyoit à Lisbonne. Il n'ignoroit pas que le Roi depuis long tems faiſoit
prier le Pape de rappeller ſon Eminence, &
que Sa Majeſté réitéroit ſur cela les inſtances
les plus vives. Son Eminence me pardonnera de
lui dire qu'elle n'a rien que ce qu'elle a bien
voulu s'attirer, & que parconſéquent M. da
Cunha ne lui pouvoit faire une autre réponſe.

Relation.

» Le Cardinal repliqua que le billet conte-
» noit deux articles, dont le premier étoit une
» notification expreſſe du mariage; que ſi l'on
» avoit eu ſimplement en vûe d'inſtruire les
» Ambaſſadeurs de la maniere dont ils devoient
» prendre leurs audiences reſpectives, il étoit
» inutile de leur parler d'autre choſe: mais
» que l'article du mariage ayant été formelle-
» ment exprimé dans le billet, on ne pouvoit
» ſe diſpenſer d'avoir pour lui [Nonce du Pape]
» les mêmes attentions, c'eſt-à-dire, de lui

A iv

» faire part du même événement ; sans obli-
» gation toutefois de lui parler des audiences,
» puisque cet objet ne le regardoit pas.

VI. OBSERVATION.

Un Ministre qui eût voulu prendre un *parti sage*, se seroit contenté, ou du moins en eût fait semblant, de la réponse de M. da Cunha. Ce Seigneur déclaroit que l'on n'avoit pas prétendu manquer à son Eminence en ne lui envoyant point le billet : au moins la réponse étoit susceptible de ce sens. Un Ministre *sage* ne devoit donc pas donner à cette réponse une interprétation injurieuse à son Maître, & capable de l'engager malgré lui dans une affaire. La réplique du Cardinal contient deux parties, relativement aux deux objets que son Eminence croyoit appercevoir dans le billet envoyé aux Ministres étrangers. La premiere concerne la notification expresse du mariage. La seconde regarde l'inutilité de cette notification, attendu qu'il ne s'agissoit que de régler le rang que devoient garder les Ministres étrangers en prenant leurs audiences.

Ici je crois entendre le fameux Ecrivain du Mémorial Jésuitique, prendre un ton Magistral, & s'ériger en correcteur universel. N'a-t-il pas eu l'audace de censurer dans le premier Ecrit le Bref de réforme donné par le Pape Benoît XIV, comme une piéce incorrecte, mal dirigée, & pleine d'irrégularités ? Ce grand redresseur des torts pourroit bien avoir dirigé la plume de notre faiseur de Relation.

Au reste, il a peu ménagé l'honneur de son Eminence, en lui imputant d'avoir eu la maladresse de distinguer deux objets dans le billet,

Car par le premier objet on fait commettre au Cardinal l'imprudence de vouloir expliquer au Secrétaire d'Etat le vrai sens du billet qu'il avoit lui-même dicté. Il n'y a qu'un téméraire ou un ennemi, qui puisse attribuer une pareille étourderie à un Nonce apostolique, dont les lumieres & l'habileté sont si connues. Quand au second objet, le *Relateur* fait aussi commettre à son Eminence l'impolitesse grossiere de vouloir enseigner à un Secretaire d'Etat, en parlant à sa personne, la formule des expéditions qui partent du Sécrétariat, en critiquant le billet en question, & prétendant y trouver une grande incongruité. Le *Relateur* me permettra de lui dire que ce procédé est fort indiscret, & ne fait pas honneur à M. le Cardinal. Pour cette fois, le Correcteur des Brefs n'a pas bien taillé sa plume. Certainement le Cardinal Nonce avoit trop bien pesé la teneur du billet, pour y voir ce qu'y trouve le Relateur. En tout cas, j'aurai l'honneur de dire à cet Ecrivain qu'il est évident, comme je le démontrerai dans la suite, que le billet ne notifioit le mariage aux Ministres étrangers qu'indirectement & par occasion. Cette notification n'en étoit point l'objet direct & principal, comme la *Relation* voudroit nous le faire croire. On n'avoit écrit aux Ministres étrangers, que pour leur apprendre que le Roi dépêchoit des couriers extraordinaires à leurs Maîtres respectifs pour notifier le mariage : Et l'intention de Sa Majesté étoit, que ces Ministres profitassent de l'occasion, pour donner eux-mêmes avis, s'ils le vouloient, de cet heureux événement. Qu'on lise ce billet sans prévention, & l'on verra du premier coup d'œil que c'est-là le sens naturel qu'il présente.

A v.

Mais, dira-t-on, si c'étoit-là le vrai sens du billet, pourquoi ne pas l'envoyer à Monsieur le Nonce, afin qu'il pût écrire à sa Cour comme les autres Ministres ? C'est que depuis long-tems son Eminence n'étoit plus regardée à Lisbonne comme Nonce. Nous en avons suffisamment déduit les raisons dans la I. Observation & dans la V.

D'ailleurs, comme les audiences ne devoient se donner qu'au sujet du mariage, il n'étoit pas possible d'annoncer aux Ministres ces audiences, sans leur dire un mot de cet événement. Ainsi la leçon que le *Relateur* fait donner à M. da Cunha par le Cardinal, fait tort à la réputation de sagesse que cette Eminence s'est acquise.

Supposons qu'on lui eût envoyé un billet qui lui notifiât uniquement le mariage, sans lui parler ni de couriers ni d'audiences, se seroit-il tenu en repos ? Non sans doute. Il se seroit tenu griévement offensé de cette double exclusion. Puis donc qu'il n'étoit point dans le cas de se présenter à l'audience, rien n'eût été plus inutile qu'un billet qui n'auroit contenu que la notification du mariage. Ainsi ce fut de la part de M. da Cunha, un trait de sagesse, d'avoir eu l'attention d'épargner ce dégoût à son Eminence.

Relation.

» Ensuite le Cardinal pria le Sécretaire d'E-
» tat, dans les termes les plus énergiques,
» de ne le pas mettre dans la nécessité de
» s'abstenir des démonstrations publiques de
» joie, qu'il desiroit, plus que personne, de
» donner dans une Fête si intéressante pour la

» Famille Royale & pour toute la Nation.

VII. OBSERVATION.

Le langage que l'on fait tenir au Cardinal, porteroit à croire qu'il avoit deſſein de faire des feux de joie en ſon propre nom. Il eſt vrai qu'il n'en devoit pas faire au nom du Pape. Lorſqu'un Miniſtre voit ou croit voir, que l'on offenſe dans ſa perſonne le Prince qu'il repréſente, il ne peut pas de lui-même, & à ſa fantaiſie, lui procurer une ſatisfaction. Il doit mander promptement les faits à ſon Souverain, qui, peut-être, au lieu de ſe tenir pour offenſé, croira devoir diſſimuler prudemment ; ou qui, s'il exige une ſatisfaction, ne ſe contentera pas de celle que ſon Miniſtre auroit imaginée. L'événement juſtifieroit ce que je viens d'avancer, ſi le Cardinal eût été Miniſtre d'un autre Souverain ; ou ſi le Pape eût eu un autre Miniſtere politique.

Il eſt donc certain que le Cardinal n'avoit aucun droit d'exiger une ſatisfaction au nom de Sa Sainteté. Cependant, s'il en faut croire le Relateur, la menace très-claire du Cardinal n'étoit pas une menace de fantaiſie ; ce Prélat ſuppoſoit qu'il y étoit obligé par ſon caractere de Nonce. Ses expreſſions n'ont pas beſoin de commentaire ; il ne parle que trop clairement. *Il pria, dans les termes les plus énergiques,* dit-il, *qu'on ne le mît pas dans la néceſſité de s'abſtenir des démonſtrations de joie,* &c. Je ne ſçai, ſi le Cardinal croyoit que la Cour de Lisbonne qui n'avoit plus d'égards pour lui, ambitionnât les démonſtrations de joie d'un Nonce Eminentiſſime : ou bien s'imaginoit-il qu'il manqueroit quelque choſe à l'éclat & à

A vj.

la célébrité du mariage Royal, s'il n'étoit éclairé par les illuminations d'un Cardinal Nonce ?

Ce que je sçai bien, c'est qu'une menace, pour ne pas dire, une injure si marquée, faite en face à un Sécretaire d'Etat, dans l'exercice de ses fonctions, & dans la Cour même du Souverain dont il est Ministre, est une insulte caractérisée faite au Souverain, & le mépris le plus formel de sa Personne : mépris insolent que le Pape ne peut ni ne doit se dispenser de punir, s'il ne veut ternir l'honneur du Saint Siége : outrage sanglant qu'aucun Monarque ne pourroit dissimuler de la part d'un Nonce, fût-il décoré de la Pourpre Romaine.

Ce que nous allons dire fera sentir de plus en plus combien on devoit peu s'attendre à une conduite si irréguliere de la part d'un Card. dont on vantoit d'ailleurs la politesse & le jugement. Avant lui, jamais en Portugal aucun Nonce apostolique n'avoit reçu du Roi tant d'accueils, tant de distinctions, de caresses & de faveurs. Tout le monde sçait que le Ministre de la Cour lui donnoit journellement des marques d'amitié & de confiance, que jamais aucun Ministre n'avoit données à personne. Le Cardinal étoit devenu le maître absolu du Palais du Ministre, de sa famille & de sa Maison. Ces faits notoires dans tout le Royaume, sont attestés par son Eminence elle-même dans plusieurs Lettres où elle s'en faisoit gloire, & que l'on a vû courir à Florence. Les mêmes faits se trouvent encore dans d'autres Lettres écrites de Lisbonne. Seroit-il donc possible qu'ils ne fussent point parvenus à la connoissance du Relateur ?

Le Cardinal n'a pas laissé de payer tant de bienfaits par l'ingratitude la plus noire : eh, plût à Dieu que le trait dont nous parlons fût le seul qu'on pût lui reprocher dans cette Cour! Mais par malheur il s'est porté à tant d'excès, qu'il n'étoit plus possible que le Roi très-Fidéle les tolérât; ce Prince ne pouvoit plus douter que l'Eminence ne s'entendît avec les ennemis mortels de Sa Majesté, & ne fût livrée aux vûes du Ministere politique de Rome, qui, sans égards pour l'honneur du Saint Siége, s'étoit déclaré, envers & contre tous, le partisan, le fauteur, le protecteur des assassins sacriléges de sa Personne Royale, des usurpateurs de ses Provinces, des perturbateurs éternels du repos de ses sujets.

Ceci n'est point une exageration. Que toute l'Europe & l'Univers entier sache, que le Roi de Portugal en a fait porter ses plaintes au S. Siége, sans aucune obligation, uniquement par un effet de sa condescendance Royale & de son respect filial. On a fait voir au Saint Père [mais inutilement, graces à l'injustice & à la méchanceté de ceux qui infectent son Ministere politique] on a fait voir, que
,, Sa Majesté très-Fidéle ne pouvoit s'em-
,, pêcher d'être blessée de la conduite irré-
,, guliere que le Nonce apostolique avoit te-
,, nue à sa Cour, & de l'indécente liberté qu'il
,, y avoit prise, aussi-bien que du scandale pu-
,, blic qu'avoient donné, non seulement au
,, Royaume de Portugal, mais encore à toute
,, l'Europe, quelques Ministres de Sa Sainteté.
,, On a fait voir que ces Ministres agissoient,
,, tête levée, de concert avec le Nonce; que
,, contre tout bon principe, contre le respect
,, dû au Roi & au Pape même, ils s'étoient
,, montrés à découvert, & se montroient en-
,, core sans ménagement dans la Capitale mê-

,, me du monde chrétien , en faveur des exé-
,, crables attentats , dont le Régime & le Corps
,, entier de la Société dite *de Jesus* s'étoient
,, rendus coupables, dans les Etats de Sa Ma-
,, jesté très-Fidéle , & des horribles calom-
,, nies dont ils continuent d'inonder l'Europe. ,,

Ne soyons donc plus si étonnés de l'ingratitude signalée qui paroît dans la conduite du Cardinal. Adoptant le systême inique du Ministere Romain, il devoit, pour agir conséquemment, lever le masque, & d'un air arrogant & décidé, faire des menaces dans la Cour du Souverain, en face de son Ministre & chez ce Ministre même. C'étoit le moyen de consommer la rupture tant desirée du Ministere de Rome, même aux dépens du respect que l'on doit aux Rois, & de la réputation du Chef de l'Eglise.

Les assassins de Sa Majesté très-Fidéle, les auteurs du complot formé contre sa vie & contre sa Couronne, n'avoient pas lieu de triompher : ils avoient manqué leur coup. Maintenant pour achever le chef-d'œuvre de leur scélératesse, ils se mettent sous la sauve-garde du Ministere de Rome. Couverts de ce bouclier, ils se flattent, les insolens qu'ils sont, d'intimider le Roi très-Fidéle, en travaillant sous main à lui faire déclarer la guerre.

Relation.

,, Don Louis da Cunha promit de rendre
,, ce discours à Sa Majesté, & de donner
,, ensuite une réponse cathégorique au Card.
,, Mais cette réponse ne vint ni ce jour-là, ni
,, le lendemain.

VIII. OBSERVATION.

Un Ministre moins sage eût répondu à son Eminence comme elle le méritoit. La modération & la prudence de M. da Cunha lui feront honneur dans l'Histoire. Le Cardinal pouvoit bien prévoir qu'il n'auroit pas une autre réponse. Un Prince insulté par son inférieur ne se compromet jamais, de quelque rang que cet inférieur puisse être. Il se tait, il agit, il dissimule, il se conduit en Roi, en Maître, en Monarque.

Relation.

« C'est pourquoi le Cardinal s'abstint de
» faire illuminer son Palais, comme les autres
» Ambassadeurs firent illuminer les leurs durant
» les trois nuits des 7, 8, & 9 du même mois
» de Juin.

IX. OBSERVATION.

Il s'en abstint si bien, que pendant les trois nuits de réjouissance, disent les Lettres de Lisbonne, il tint fermées les portes & les fenêtres de son Palais: on n'y voyoit pas même de lumière au travers des vitres. Tout étoit si bien clos; il régnoit au dedans un silence si profond, que le Palais du Nonce de Sa Sainteté paroissoit desert & abandonné. Voilà donc le Nonce qui, sous les yeux de la Cour, affiche le deuil au milieu de l'allégresse publique; on diroit qu'il regarde le mariage Royal comme un événement funeste, il en montre du dépit; il exécute son insolente menace, il exhale son couroux, il fait éclater sa vengeance, & brave l'autorité Royale. A ces traits reconnoît-on un Cardinal, un représentant de sa Sainteté ? Non, c'est un Général d'Armée, qui dans le feu de la guerre, commet des hostilités, & se rend justice à lui-même par voies de fait.

Relation.

„ Cependant pour suppléer en quelque sorte
„ à cette omission involontaire, le Prélat alla
„ trouver le Comte de San-Lorenzo, premier
„ Gentilhomme du Sérénissime Infant Don
„ Pedre, & il le pria de faire ses très-hum-
„ bles excuses à leurs Altesses Royales, en
„ leur expliquant la vraie cause de sa conduite,
„ laquelle étoit sans aucune faute de sa part.

X. OBSERVATION.

Ici l'on n'accusera pas d'incivilité Monsieur le Nonce : mais qu'il me permette de lui dire, que sa politesse étoit imprudente & téméraire: Elle tendoit à exciter la pire de toute les séditions, je veux dire, à mettre la division dans la Famille Royale : & c'étoit précisément ce que cherchoit son Eminence, comme nous le verrons bien-tôt. Il avoit manqué principalement au Roi ; c'étoit donc au Roi qu'elle devoit les premieres excuses. Inculper le Roi pour se disculper lui-même ! Que son Eminence me le pardonne encore, c'étoit un défaut de jugement : c'étoit une insulte aux Sérénissimes Epoux. Mais j'ai pitié de M. le Nonce. Il vouloit la rupture à quelque prix que ce fût : & par conséquent ses excuses, ses politesses affectées n'avoient d'autre objet que de sauver les dehors & de jouer la sincérité.

Relation.

„ Personne, soit de la part de la Cour,
„ soit de la part du Ministere, ne fit au Car‑
„ dinal la moindre plainte sur la conduite qu'il
„ avoit tenue dans cette occasion ; & le Pu‑
„ blic instruit des raisons qui avoient fait agir
„ son Eminence, ne fit paroître, ni durant
„ les jours de réjouissance, ni dans les jours
„ suivans, aucun signe de mécontentement ou
„ d'improbation.

XI. OBSERVATION.

Ce silence du Ministere & de la Cour de‑
voit être suspect au Cardinal. N'ayant point
reçu la réponse que le Sécretaire d'Etat lui
avoit promise, & ne pouvant douter qu'elle
n'arrivât, il pouvoit comprendre qu'elle ne
feroit ni gracieuse ni favorable. Il pouvoit
aussi juger que si l'on différoit à lui répondre,
c'étoit uniquement pour ne pas troubler la joie
publique par une scene affligeante. M. da Cun‑
ha sçait parfaitement son devoir ; il n'étoit pas
possible que le Cardinal s'y méprît.

Toutefois, dit le Relateur, l'Eminence n'ap‑
percevoit point que l'on donnât à sa conduite
aucune marque d'improbation. Mais ce Prélat
en devoit-il conclure qu'elle fût approuvée ?
La preuve négative n'est pas toujours con‑
cluante : & dans une telle conjoncture l'inac‑
tion de la Cour auroit dû l'inquiéter. Un Mi‑
nistre de son importance, & rompu dans le
métier comme lui, devoit sçavoir que, dans la

politique, les parenthèses sont d'un grand usage au besoin. Je suspecte pourtant ici la sincérité du *Relateur*, ou du-moins la fidélité de ses Mémoires. Il me permettra de lui communiquer l'extrait d'une Lettre en date du 17 de Juin, que m'écrivit de Lisbonne un de mes intimes amis qui me mande exactement les nouvelles de Portugal, & dont les Mémoires sont beaucoup plus sûrs que les siens. „ Vous sçavez déja les nouvelles de notre Cour ; en tout cas je vais vous les dire. Le 15 de ce mois sur les neuf heures du matin, passa de Lisbonne à Aldea-Galega, [a] M. le Cardinal Nonce du Pape, accompagné du Sergent-major de Bataille [b] Don Louis de Mendoza, sous l'escorte de cent Cavaliers. Le même jour, sur les sept heures du matin, le Palais de son Eminence avoit été environné par un corps de Soldats. C'étoit une précaution de notre pieux Monarque, pour prévenir l'émeute du peuple, qui scandalisé des procédés du Nonce, & sur-tout de ce qu'il n'avoit point illuminé son Palais dans nos réjouissances, s'attroupoit en foule, & menaçoit de casser les vitres à coups de pierre. On se seroit porté à cette insolence, & à bien d'autres marques d'indignation & de mépris, si le Cardinal Patriarche, dont le Palais est à côté, n'eût envoyé ses Domestiques pour contenir la multitude, & sur-tout la populace, qui dans pareilles occasions a coutume de commettre le plus d'excès. „ Que l'Auteur de la Rela-

---

[a] Port du Tage de l'autre côté du fleuve, à 9 milles de Lisbonne.
[b] Maréchal de Camp.

tion dîſe maintenant tout ce qu'il voudra pour nous faire croire que le peuple de Lisbonne ne déſaprouvoit point la conduite que le Cardinal avoit tenue pendant les trois jours.

Relation.

,, Le Cardinal-Nonce vivoit tranquile, ſa
,, conſcience ne lui reprochoit rien ; & il s'en
,, remettoit pour la ſuite au cours des événe-
,, mens.

XII. OBSERVATION.

Quoique notre Auteur parle aſſez clair, toutesfois, pour l'entendre encore mieux, expliquons un fait ſur lequel il gliſſe habilement.

,, Le Cardinal-Nonce, dit-il, vivoit tran-
,, quile, ſa conſcience ne lui reprochoit rien ;
,, & il s'en remettoit pour la ſuite au cours
,, des événemens. ,, Cela veut dire : Son Eminence ſe trouvant, par le devoir de ſon caractere, par l'ordre exprès du Cardinal Torregiani, engagé à tramer une conjuration dont ce premier Miniſtre du Pape avoit formé le plan ; ſon Eminence, dis-je, attendoit le moment favorable pour l'exécution. Il vivoit tranquile ; il comptoit ſur le ſçavoir-faire, ſur la qualité, ſur le ſecret des conjurés, auſquels il venoit de donner le dernier ſignal.

Sa Majeſté trè-Fidéle étoit parfaitement inſtruite de cette trame abominable : cependant par un excès de charité, ce religieux Monarque ménageoit encore ſes perfides ennemis. Il ſe contenta de charger ſon Miniſtre auprès du ſaint Pere, par les dépêches du 29 Mai dernier, d'expoſer à Sa Sainteté les inſultes déja publiques & notoires par lesquelles les Cardinaux Torregiani & Acciajuoli avoient provoqué tous deux Sa Majesté Portugaise. Ce Prince se flattoit sans doute que cet exposé suffiroit pour déterminer le Pape à faire cesser le scandale, sans obliger le Roi d'en venir à déclarer ses motifs secrets, & à prendre d'autres mesures. Son Eminence vouloit apparemment que l'on révélât ce mystère : la voilà servie.

Relation.

,, Tout-à-coup le Dimanche 15 du même
,, mois, sur les neuf heures du matin, le Non-
,, ce se disposant à célébrer la sainte Messe,
,, on vit arriver chez lui un Commis de la
,, Sécrétairerie d'Etat, nommé *Jean Calvao*,
,, & le Brigadier Don Louis de Mendozza.
,, Déja le Palais étoit investi d'un gros déta-
,, chement de Soldats, qui occupoient même
,, tous les environs & les jardins du voisina-
,, ge. Les deux Chefs de l'expédition de-
,, mandèrent à parler au Cardinal : on les fit
,, entrer ; & le Commis présenta la Lettre,
,, cottée ci-après No. B.
,, Son Eminence ayant lû cette Lettre, de-
,, manda quelques momens pour écrire un bil-
,, let au Sécrétaire d'Etat ; mais on les lui
,, refusa. Elle fit instance pour obtenir le tems
,, d'entendre la Messe ; & jamais on ne vou-
,, lut lui accorder une chose si juste. Il fallut
,, qu'elle s'habillât promptement, qu'elle ap-
,, pellât les domestiques qui lui étoient abso-
,, lument nécessaires, & qu'elle suivît le Bri-
,, gadier. Mais avant que de partir, le Car-
,, dinal fit les protestations convenables, &

,, contre la violence dont on ufoit envers fa
,, perfonne, toute revêtue qu'elle étoit d'un
,, caractere *facré*, & contre l'injure qu'on fai-
,, foit à fa qualité de Miniftre public : qualité
,, toujours refpectable dans les Ambaffadeurs
,, des Princes.

XIII. OBSERVATION.

Ce n'eft pas ici le lieu d'examiner fi l'ex-
pulfion du Nonce eft une injure faite au caractere de Miniftre, & une violation du Droit
public. Nous ferons cet examen, lorfque
nous expoferons les raifons preffantes qui for-
çoient Sa Majefté très-Fidéle de ne pas fouf-
frir le Nonce un moment de plus dans fa Capitale. A la proteftation que fit ce Prélat,
on répondit par une autre proteftation, qu'on
ne lui faifoit point injure, & que l'on ne
donnoit point atteinte au Droit des Gens ; puif-
que des Papes même avoient fait mettre en
prifon des Miniftres des Rois, témoin Paul
IV. qui fit arrêter Garcilaffo de Vega, fans
qu'aucun des autres Ambaffadeurs réclamât.
Lorfque dans la fuite de fa Relation, l'Auteur entreprendra de prouver, que la qualité
de Miniftre public a été offenfée dans l'événement de Lisbonne, nous ne manquerons pas
de bonnes raifons pour le réfuter. Il n'eft pas
vrai, comme le prétend le Relateur, que l'on
ait toujours refpecté le caractere de Miniftre
public : de juftes motifs ont quelquefois obligé
à s'écarter de la règle. Les tems paffés en four-
niffent une infinité d'exemples ; & de nos jours
Caftellar fut arrêté à Paris ; M. de Beaumont
fut renvoyé de Madrid ; Capiciolatro, de Lisbonne ; Cellamare de France ; Gyllembourg,

d'Angleterre; & parmi les Nonces on peut citer Davia, Zondodari, Firrau, &c. L'Auteur de l'Esprit des Loix [*Liv. 25. chap. 21.*] dit fort bien en parlant des Ambassadeurs : „ S'ils abusent de leur être représentatif, on „ le fait cesser, en les renvoyant chez eux. Le célèbre Grotius [*Liv. 2. ch. 18.*] dit en termes formels : „ Si l'Ambassadeur à com- „ mis un crime énorme, & qui tende à cau- „ ser du préjudice à l'Etat; il faut le renvoyer „ à son Maître, en demandant à celui-ci de „ deux choses l'une, qu'il punisse son Ambas- „ sadeur, ou qu'il nous le livre [*c*]. „ C'est ce qu'insinue aussi M. de Montesquieu.

Relation.

„ L'Officier & le Prélat s'étant rendus à
„ bord des Yachs du Roi, on traversa le
„ Tage ; & de l'autre côté de ce fleuve, se
„ trouverent quelques méchantes voitures, où
„ le Cardinal fut obligé de monter pour se
„ rendre sur la frontiere, suivant l'ordre qu'on
„ lui avoit signifié. Il étoit accompagné de 30
„ Dragons qu'on lui avoit donné sous le spé-
„ cieux prétexte de le garantir de toute in-
„ sulte : mais c'étoit réellement une escorte
„ chargée de le garder, & de le conduire com-
„ me un prisonnier. Le voyage fut de cinq
„ jours : on passa par les forteresses d'Estremos
„ & d'Elvas, où son Eminence ne reçut au-
„ cun des honneurs qu'il est d'usage de rendre
„ aux personnes de ce rang. On gagna en-
„ suite la Frontiere d'Espagne : l'escorte n'alla

[*c*] Traduction de Barbeyrac.

,, pas plus loin, & le Card. se rendit à Bada-
,, joz, où le Commandant de la place n'ou-
,, blia rien de tout ce qui pouvoit le dédom-
,, mager, en quelque sorte, des traverses &
,, des desagrémens qu'il avoit eu à essuyer juf-
,, qu'alors.

XIV. OBSERVATION.

Est-il bien étonnant que le Cardinal-Nonce soit mieux traité à Badajoz que sur les terres de Portugal ? En Espagne il est sur le pied d'hôte & de passager ; en Portugal, c'étoit un adversaire & un ennemi, le défenseur, le fauteur, le protecteur des scélérats coupables d'attentat contre la Couronne & le Royaume, & déclarés tels juridiquement par Sa Majesté très-Fidèle.

Je ne sçai, d'ailleurs, ce que signifient les grandes récriminations que le *Relateur* accumule ici. En veut-il au Ministere de Lisbonne ; est-ce le Roi lui-même qu'il attaque ? Le *sacré* caractere personnel de Monseigneur le Nonce Cardinal méchamment & insolemment méprisé ! Son Palais assiégé, ou du moins environné d'une multitude de Soldats ! Ce Prélat forcé de partir si promptement, qu'on ne lui laisse pas même entendre la Messe un jour de Dimanche ! Des Dragons qui escortent son Eminence, comme ils feroient un prisonnier d'Etat ! Silence profond de l'Artillerie dans toutes les Places Portugaises que son Eminence traverse ! Quelques méchantes voitures pour conduire sa *sacrée* Eminentissime personne, &c. &c. ! Quant au peuple qui s'attroupoit en tumulte, on ne nous en dit mot : le Relateur qui n'y trouveroit pas son compte, ensevelit le tout dans un politique silence. La Relation n'est-elle pas un chef-d'œuvre de sincérité?

Pour contenter le *Relateur*, il eût fallu qu'un Gentilhomme de la Chambre, ou quelqu'Officier de la Couronne, non pas accompagné de Soldats au son des Tambours & des Trompettes, mais suivi du Chapitre entier de la Patriarchale en grande cérémonie, vînt processionnellement de la part du Roi, remercier son Eminence des respectueuses attentions qu'elle lui avoit marquées en exécutant ses menaces pendant trois jours consécutifs, à la grande édification des Nationaux & des Etrangers. Pouvoit-on faire moins pour un Nonce qui ne gardoit pas même les dehors de la politesse & de la prudence, [qualités qu'un Nonce Cardinal doit posséder dans un dégré éminent;] pour un Ministre qui ne rougissoit pas de décréditer & d'avilir par cette conduite son caractere personnel, toujours respectable, toujours *sacré?*

Le *Relateur* sçavoit parfaitement, que depuis plusieurs mois, sans aucun égard à ce que l'on doit à un Roi de Portugal dans sa propre Cour, la *sacrée* personne de son Eminence, animée d'un esprit tout-à-fait profane & audacieux, ne faisoit qu'accumuler absurdités sur absurdités, insultes sur insultes, bravant avec une insupportable témérité la patience d'un Souverain; tandis que ce Prince ne cessoit de multiplier les preuves de son respect profond, & de son obéissance filiale & persévérante envers le S. Pere, sans témoigner le moindre ressentiment des attentats infâmes du *sacré* Nonce de Sa Sainteté.

Son Eminence, honorée par le Roi de tous les égards dûs au caractere d'un Nonce, & si peu si peu mérités par la personne qui en étoit revêtue, devoit être pénétrée de reconnoissance pour un Roi si patient, & se ressouvenir de ce mot de l'Ecriture: *c'est un effet de miséricorde si nous n'avons pas péri*. Déja la populace en couroux, assemblée tumultuairement, le menaçoit d'un traitement dont il s'étoit rendu digne en tant de manieres, & dont, en aucune autre Cour, son *sacré* caractere personnel n'auroit pû le garantir.

Au reste, ce *caractere sacré* de la personne d'un Ministre politique, c'est un mystere que mon ignorance ne peut comprendre. Je sçai très-bien que la *personne* physiquement prise, étant, selon les Philosophes, la *substance individuelle d'une nature raisonnable*, est susceptible d'un caractere *sacré*. Mais ce qu'on appelle Personne ou personnage politique, n'étant qu'un attribut passager, ne peut être susceptible d'aucun caractere *sacré*, réel & inamissible.

Ainsi la personne d'un Ministre, par quelque Cour qu'il soit caractérisé, considérée dans l'ordre politique, étant un être purement idéal, ne peut recevoir un caractere *sacré*, ni indélébile. Que le Ministre soit Cardinal ou quelque chose de plus si l'on veut, jamais sa personne politique ne sera susceptible d'un caractere *sacré*. La dignité même de Cardinal, quoiqu'on la nomme *sacrée*, & qu'en politique on la révere comme telle, n'est redevable qu'à la flatterie de cette dénomination & de ce respect, puisqu'elle n'est qu'un être idéal. C'est ce qui lui fit donner fort plaisamment le nom de *chimere rouge*, par un grand Cardinal François. [d]

[d] Le Card. d'Etrée, in Launoyana part. 1. p. 362.

B

Mais que faudra-t-il penfer „ en cas que le Miniftre foit revêtu du caractere Epifcopal ; caractere vraiement facré ? Nous devons penfer que le Sacerdoce ne donne à ce Miniftre, en tant que Miniftre politique, aucune prérogative ; parce que le Miniftere politique n'a rien de commun avec le Sacerdoce. C'eft ce qu'il eft facile de démontrer par l'Evangile. J. C. le Pontife par excellence, élevé par fon Pere au plus fublime dégré du Sacerdoce, ne dit-il pas en propres termes : *Mon Royaume n'eft pas de ce monde?* Le Sacerdoce imprime un caractere facré, réel, ineffaçable : mais dans le Miniftre politique je ne trouve qu'un caractere accidentel, amiffible, & qui n'a rien de facré ni de réel que dans notre imagination. C'eft donc fans fondement, que M. le *Relateur* veut nous perfuader qu'on a méprifé dans la perfonne de fon Eminence quelque chofe de *facré*.

Quant aux prétendues *méchantes voitures* qui furent données au Cardinal, à quoi tendent les plaintes de notre Auteur ? Voudroit-il que le Roi eût envoyé les attelages de fes Ecuries pour conduire le Nonce ? Oui, fans doute, fon Eminence avoit bien mérité qu'on lui envoyât même les caroffes du Corps. De mauvaifes voitures à Monfeigneur le Nonce !... Après tout, ces fortes de contre-tems arrivent fouvent aux voyageurs. Il eft arrivé pis encore à M. le Commandeur d'Almada : lorfqu'il voulut fortir de Rome par ordre de fa Cour, il ne trouva ni bonnes ni mauvaifes voitures : quoiqu'il eût demandé les chevaux de poftes que l'on a coutume de fournir, ils lui furent refufés ; à telles enfeignes qu'il fe vit obligé de fe fervir de fes propres chevaux.

Mais, me dira le *Relateur*, n'avoir pas permis à M. le Cardinal d'entendre la Messe un saint jour de Dimanche, c'est une dureté qui ne peut être excusée. Je réponds qu'une telle précipitation seroit inexcusable dans toute autre conjoncture : mais elle étoit nécessaire, indispensable, parce qu'on risquoit tout pour peu qu'on eût différé. Y avoit-il un moment à perdre, à la vûe de l'émeute de la populace qui s'attroupoit pour insulter M. le Nonce ? Pouvoit-on retarder le départ de son Eminence au moment où la nouvelle conjuration alloit éclater ? On sçavoit que la mine étoit toute prête à jouer ; & le feu qu'elle eût allumé, n'eut pû s'éteindre que par une grande effusion de sang. Non, non, les préceptes même Ecclésiastiques n'obligent point dans un extrême danger. D'ailleurs, M. le Cardinal pouvoit aisément entendre la Messe au-delà du Tage, il en avoit tout le tems. Mais le tems qu'il souhaitoit, étoit celui de voir exécuter son détestable complot, l'unique objet de tous ses soins.

Si l'Artillerie des Places Portugaises ne se fit point entendre au passage de l'Eminentissime Cardinal, que l'Auteur de la Relation le pardonne, & qu'il apprenne 1°. que c'est une règle invariable dans la Discipline militaire de ne point rendre les honneurs de la guerre à toute personne disgraciée du Souverain, de quelque dignité qu'elle soit revêtue ; fût-ce un Prince, un Ambassadeur, un Cardinal, un Nonce. Ainsi le Relateur n'a pas raison de se désoler. 2°. Jamais en tems de guerre on ne perd la poudre en vaines cérémonies. Dans l'occasion dont il s'agit, elle n'étoit que trop nécessaire pour arrêter les effets de l'horrible

B ij

trame que son Eminence avoit ourdie. Alors on ne brûle de la poudre que pour faire partir des bouléts.

Après-tout, ne pourroit-on pas croire qu'il y avoit en ceci quelque chose de mystérieux? N'aura-t-on pas voulu faire entendre que le Roi très-Fidéle, pour soutenir ses droits, & pour manifester à toute l'Europe la justice de sa cause, n'a pas besoin de metre en campagne ce qu'on appelle *la derniere raison des Rois;* n'ayant affaire qu'au Ministere politique de Rome? C'est peut-être le mot de l'énigme : je m'en rapporte à M. le *Relateur.*

Relation.

,, Il n'est pas question d'examiner ce qui a
,, pû causer l'expulsion d'un Nonce du Pape,
,, de la Cour d'un Prince Catholique, ni la
,, maniere dont ce Nonce a été chassé. Cet
,, examen est réservé à un autre tems & à
,, une autre plume.

XV. OBSERVATION.

En quelque tems & de quelque main que ce soit, nous recevrons avec reconnoissance tout ce que M. le *Relateur* daignera nous communiquer. Qu'il n'ait point d'inquiétude. Sa politesse seule nous obligeroit à le servir ponctuellement comme il le mérite. Nous lui communiquerons des anecdotes très-curieuses. Alors on verra quel est celui qui adopte les maximes & la Religion des Anglois, pour ne pas dire, qui s'entend avec eux, parce que sous son caractere il cache une ame sans religion. Mais si tout est bon, si tout est saint de la part d'une personne *facrée*, tout ce qui vient de M. le *Relateur* fera toujours digne d'éloges & de la plus profonde vénération.

Cependant comme il ne daigne pas encore nous faire part des faits intéreſſans qu'il nous annonce, & qu'il promet de nous donner en tems & lieu; de notre côté, en attendant cette faveur ſignalée, nous allons jetter ſur le papier quelques bagatelles pour nous en ſouvenir au beſoin. Quand il ſera tems, nous propoſerons quelques queſtions. Par exemple, eſt-il permis à un Miniſtre Eccléſiaſtique, Nonce du Pape, décoré même de la Pourpre *ſacrée*, de fomenter dans une Cour Catholique, toute dévouée au S. Siége de tems immémorial, des ſoulévemens & des révoltes, & d'écrire des Lettres ſéditieuſes, qui ne ſont que des tiſſus de calomnies indécentes, pour décrier le Souverain & le Miniſtere de cette Cour où ce Nonce Cardinal a pris caractere & fait ſa réſidence? Autre queſtion : Ce Nonce a-t-il le privilége d'employer les artifices & les manœuvres de Machiavel, pour faire naître des ſoupçons & des défiances entre les autres Souverains & le Monarque auprès duquel il eſt fixé par le caractere de Miniſtre & de perſonne publique? Nous détaillerons encore quelques minuties de même nature, qui ſeront plus que ſuffiſantes pour deſſiller les yeux à M. le *Relateur*, ou du-moins pour lui donner lieu d'examiner, ſi le Monarque pouſſé méchamment à bout par un Nonce Apoſtolique [Cardinal ou non, il n'importe] eſt en droit non ſeulement de le chaſſer de ſa Cour & de ſes États, mais encore de le punir d'une autre maniere comme violateur du Droit des Gens. Alors le Seigneur Relateur sera peut-être forcé de goûter les raisons de Sa Majesté, sur-tout s'il se rappelle les punitions infligées pour des délits moins crians commis assez près de Rome, & dans la Patrie de l'Auteur. Il n'aura pas même besoin de se rappeller le traitement fait en France au Cardinal de Guise. Après tout, les rigueurs que *les bien-méritans de l'Eglise* ont exercées à la Chine contre un saint Cardinal de Tournon, le Roi très-Fidéle n'avoit-il pas droit de les exercer contre un Cardinal très-criminel ?

„ Cet examen est renvoyé à un autre tems
„ & à une autre plume.

XVI. OBSERVATION.

La mienne cependant ne peut se dispenser de donner à l'Univers [seulement par maniere de parenthèse] une légere idée des manœuvres du Cardinal Acciajuoli à la Cour de Lisbonne, & de l'héroïque charité que Sa Majesté très-Fidéle eut pour lui, même après avoir découvert qu'il avoit violé le Droit naturel, le Droit divin & le Droit des Gens. Que l'on sçache donc, que long-tems avant l'ordre donné pour l'expulsion du Nonce, le Roi avoit des preuves incontestables, que les Cardinaux Torregiani & Acciajuoli s'étoient unis intimement par une Ligue sacrilége avec les Religeux de la Compagnie dite de *Jesus*, contre Sa Majesté très-Fidéle, contre le repos de son Royaume, aux dépens même de l'honneur du S. Siége. Il sçavoit certainement que les premiers auteurs de ce complot avoient arrêté entr'eux, que le Card. Acciajuoli travailleroit par ses Lettres à aigrir l'esprit du Pape. Le Nonce écrivit & continua d'écrire conformément à ce projet. On l'avoit menacé, s'il le refusoit, de l'envoyer dans son Diocèse de Rimini faire les fonctions Episcopales.

Ces Lettres portoient 1°. que *toutes les procédures faites à la Cour de Lisbonne contre les Jésuites avoient été injustes, & qu'elles avoient indigné toute la Nation* : 2°. *Que ces procédures ne pouvoient manquer d'être sans effet, attendu que les Jésuites avoient toujours à la Cour un parti assez puissant pour renverser le Gouvernement ou le Ministere de Sa Majesté* : 3°. *Que ce parti étoit formé de ce qu'il y avoit de plus grand à la Cour & dans le Royaume* : 4°. *Que le Cardinal Sécretaire d'Etat de Sa Sainteté* [auquel les lettres étoient adressées] *pouvoit en toute sûreté faire part de ces faits à tous les Nonces dans les Cours Catholiques*.

Ces Lettres concertées avec tant de méchanceté n'avoient pour but, comme on l'a vû dans la suite, que d'animer toutes les Nations contre la Cour de Lisbonne. On la décrioit comme injuste & comme cruelle ; quoiqu'elle eût donné des preuves d'une modération inconcevable dans le châtiment de l'attentat le plus détestable que l'on ait vû depuis la fondation de la Monarchie Portugaise.

Le Roi sçavoit également, que le Nonce n'omettoit rien pour rendre plus vraisemblable ce qu'il mandoit de la toute-puissance des Jésuites, & pour justifier la confiance qu'il avoit dans le crédit des Partisans qu'ils tenoient cachés à la Cour. *Ceux qui aiment le mal*, dit l'Ecriture (e), *sont dignes de mettre leur confiance*

(e) Malorum amatores digni sunt qui spem habeant in talibus, & qui faciunt illos, & qui diligunt, & qui colunt. *Sap. c. xv. v. 6.*

B iv

en de *semblables Dieux*, *aussi-bien que ceux qui les font*, *ceux qui les aiment*, *& ceux qui les adorent*. Le Nonce affectoit artificieusement de s'éloigner de tous ceux qui avoient quelque part ou quelque rapport au Ministere: il alloit jusqu'à insulter les principaux Mininistres sous des prétextes frivoles & dont personne ne s'étoit encore avisé.

Voici un échantillon de ses griefs. 1°. Quoiqu'il fût Nonce-Cardinal, le Patriarche Cardinal ne l'avoit pas visité le premier. En conséquence il ne l'alloit pas voir. 2°. Il s'étoit éloigné du Comte d'Oeyras, parce que dans une conversation publique ce Ministre ne l'avoit pas si bien accueilli qu'à l'ordinaire, c'est-à-dire, ne lui avoit fait qu'une petite révérence. Sans doute qu'auparavant M. le Comte d'Oeyras se mettoit à genoux quand il voyoit paroître le Nonce: auquel cas son Excellence a eu grand tort de ne pas continuer. Elle devoit sçavoir que la Cour de Rome a formé son superbe cérémonial sur la dévotion très-indévote des tems passés. Les marques de respect, que les Princes, dans des siécles d'ignorance, donnoient, par une piété mal entendue, aux Papes, aux Cardinaux, aux Ministres du S. Siége; les Romains les exigent maintenant comme une dette, ils en tiennent registre, ils en ont fait une loi.

Revenons à notre sujet. Dès ce tems-là même, le Roi sçavoit pareillement, que le Nonce avoit formé à la Cour de Lisbonne un parti considérable, s'entendant avec le Cardinal Torregiani, lequel, de concert avec les Jésuites de Rome, dans ses Lettres du mois de Novembre de l'année derniere, avoit donné des instructions au Nonce sur la maniere & sur les moyens de travailler plus efficacement à fomenter la nouvelle conjuration. Le Nonce y travailloit de son mieux : & s'il eût tenu plus secrettement ses assemblées avec les principaux chefs, on auroit eu bien de la peine à découvrir le complot.

Sa Majesté, quoiqu'Elle connût parfaitement ces menées, se contenta, par un excès de modération, d'insister dans les dépêches du 29 de Mai dernier, pour obtenir que l'on rappellât le Nonce, & que l'on ôtât à Torregiani la connoissance des affaires de Portugal, parce que ces deux Eminences étoient les sujets du monde les moins propres à les traiter. Le Roi se flattoit que, si le Pape le délivroit de ces deux Ministres, la conjuration dont ils étoient les auteurs, tomberoit d'ellemême, avant que Sa Majesté fût obligée de procéder contre ceux de ses sujets qui s'y étoient engagés.

Cependant l'œuvre d'iniquité alloit grand train ; il n'y avoit pas un instant à perdre. Dans cette extrêmité même, Sa Majesté Très-Fidéle eut pour le Pape une attention inconcevable, & pour la personne du Nonce une bonté sans exemple. [Non, j'ose le dire, dans aucune autre Cour Catholique on n'eût agi de la sorte. Sa Majesté Très-Fidéle me permettra de lui représenter, que Dieu n'est pas obligé de faire toujours des miracles.] Par ménagement pour la Personne *Sacrée* du Nonce, & de peur de diffamer le *très-saint* Ministère politique de Rome, le Roi profita du juste sujet de mécontentement que lui avoit donné le Nonce à l'occasion du mariage : & le fit sortir du Royaume, sans al-

B v.

léguer d'autre raison, avant de procéder, comme l'on a fait depuis, contre les autres conjurés. Tout le monde sçait que ce Prince étoit en droit de traiter ce Nonce comme un perfide, comme l'infracteur de toutes les Loix. Il pouvoit le déclarer déchu des honneurs & des privilèges attachés au *très-saint* caractère de Ministre public. L'immunité Ecclésiastique ne doit pas servir de sauvegarde à des scélérats qui foulent aux pieds toutes les Loix divines & humaines.

Enfin, après l'expulsion du Nonce, on arrêta les chefs de la conjuration ; & par là toute l'œuvre des deux Eminences à Lisbonne se trouva détruite. Mais elles eurent du moins la consolation de causer au Roi la douleur de trouver entre les conjurés des personnes unies par les liens les plus étroits à la Famille Royale. Toute l'Europe ne le sçait que trop.

Concluons de tout ceci, que le Roi Très-Fidéle, par la conduite qu'il a tenue en faisant sortir de ses Etats M. le Cardinal Acciajuoli, a porté jusqu'à l'extrême son attention filiale pour Sa Sainteté, aussi bien que sa modération, sa charité, sa clemence envers la Personne *Sacrée* & le caractère *très-saint* de ce Prélat Eminentissime. Mais l'examen des procédés du Roi T. F. est reservé à un autre tems & à une autre plume. Ainsi reprenons le fil de nos observations.

Rélation.

"Dans l'espace de peu de jours, le Com-
,, mandeur d'Almada, Ministre Plénipotentiai-
,, re du Roi de Portugal auprès du Saint Siége,
,, reçut quatre couriers ; sçavoir, deux le 21
,, de Juin dernier, un troisiéme le 28, & le
,, quatriéme le 30. Tout le monde étoit dans

„ l'attente de ce qui devoit résulter de ces depê-
„ ches si multipliées ; & quoique le Ministre
„ de Portugal gardât le plus profond secret, on
„ ne laissa pas d'entrevoir quelque chose d'affli-
„ geant dans les ordres qu'il avoit reçus de sa
„ Cour.
„ Enfin le Lundi 30 du même mois, après
„ midi, le Commandeur d'Almada fit deman-
„ der une Audience à Sa Sainteté. On lui répon-
„ dit que le Saint Pere étant extrêmement oc-
„ cupé, ne pouvoit l'entendre que le Vendredi
„ suivant. Le Commandeur repliqua le soir mê-
„ me du Lundi, par un Billet, qu'il étoit abso-
„ lument nécessaire qu'on lui donnât Audience
„ avant le Jeudi, jour auquel partoit la Poste
„ d'Espagne. Le Pape vaincu par ses instances,
„ lui fit sçavoir qu'il l'entendroit dans la matinée
„ du Mercredi [2 Juillet ;] quoique ce jour
„ soit spécialement destiné aux Audiences que
„ le Saint Pere donne à ses Ministres d'Etat, &
„ quoiqu'il fût très-connu de Sa Sainteté, que
„ le Cardinal Acciajuoli avoit fait demander
„ pendant plusieurs mois une Audience à Sa
„ Majesté le Roi de Portugal, sans pouvoir ja-
„ mais l'obtenir. „

XVII. OBSERVATION.

Tout ce détail paroît avoir moins pour objet
de nous instruire d'un fait très-simple, que de
critiquer la conduite de Monsieur le Commandeur d'Almada. On lui reproche son *profond
secret* ; on releve son empressement extrême
pour obtenir une Audience qu'il obtint enfin du
Saint Pere ; on finit par prendre le ton d'un
homme du métier ; & l'on prononce que le Pape ne devoit point donner Audience à ce Mi-

niftre , parce que le Roi de Portugal refufoit depuis quelques mois d'écouter l'Eminentiffime Acciajuoli.

Je ne comprends pas fur quel principe le *Rélateur* trouve quelque chofe de repréhenfible dans le *profond fecret* du Plénipotentiaire Portugais. Le fecret le plus rigoureux eft l'ame de toute negociation, & l'attribut effentiel de tout Miniftre. Mais quand par humeur on veut critiquer quelqu'un, on frappe à toutes les portes pour lui trouver des torts. On fait d'une mouche un Elephant, & d'un atome un Coloffe. Le premier talent d'un homme d'Etat eft celui d'être impénétrable. Que le *Rélateur* ait la bonté de fe taire, fous peine de paffer pour ignorant, comme je crois qu'il l'eft, dans l'art de traiter avec les Princes. Il vouloit apparemment que le Miniftre Portugais, ayant une affaire de cette conféquence à communiquer au Pape, la fît paffer au Saint Pere par la voix publique. Quelle platitude, quel travers !

L'empreffement que témoignoit le Commandeur, en follicitant une Audience, étoit fi naturel & fi néceffaire, qu'on ne peut s'en plaindre, quoiqu'en dife la *Rélation*. La cenfure que fait l'Auteur ne montre pas fon habileté. Ici nous, nous taifons par prudence.

" Mais, dit-il, tout le monde étoit dans l'atten-
" te de ce qui devoit refulter de ces depêches
" multipliées. ,, On diroit que l'Auteur veut accufer de deux chofes le Commandeur d'Almada: 1°. de n'avoir pas follicité l'Audience fur le champ, pour rendre compte au Saint Pere du contenu des depêches apportées par les deux premiers Couriers. 2°. de n'avoir pas divulgué par fes amis & par fes confidens ce que renfermoient ces depêches. Quant au premier chef,

37

on répond que le Commandeur, outre qu'il avoit besoin de tems pour traduire ce qu'il devoit présenter au Pape, ne croyoit pas nécessaire de l'aller importuner à la campagne, d'où Sa Sainteté devoit revenir au premier jour. Elle revint en effet le 27 Juin, c'est-à-dire six jours après l'arrivée des deux premiers couriers. Ce Ministre devoit encore moins demander Audience aussi-tôt après le retour du Pape. Elle lui auroit été refusée, parce que c'étoit la veille de la Saint Pierre, où Sa Sainteté n'est pas moins occupée que le jour même de la Fête. Il est vrai que le troisiéme courier, qui apportoit la Lettre du Roi pour faire part à Sa Sainteté du Mariage du Prince & de la Princesse, arriva le 28 : mais aussi dès le 28, le Commandeur fit demander Audience, sans attendre l'arrivée du quatriéme & dernier courier. C'est ce que le Rélateur ignore ou fait semblant d'ignorer. L'Audience fut promise pour le Vendredi suivant. Ainsi le Commandeur étoit demeuré tranquille, ayant fait tout ce qui étoit en lui pour remettre sur le champ la Lettre du Roi entre les mains du Saint Pere. Par conséquent le reproche que l'on fait au Commandeur, de n'avoir pas instruit le Pape du contenu de la Lettre, est une accusation déplacée & de très-mauvaise grace ; aucun Ministre, lorsqu'il demande Audience au Pape, n'étant obligé de dire ce qu'il a dessein de communiquer à Sa Sainteté.

Le Vendredi, 30 Juin, après midi, lorsque le Commandeur se disposoit à se rendre à l'Audience, arrive le quatriéme & dernier courier avec la nouvelle de ce qui s'étoit passé à Lisbonne au sujet du Nonce. Ce nouvel incident détermina le Commandeur à demander Audience sur le champ, par le Billet qui se trouve dans le

Recueil des pièces sous la lettre C.

Quant à ce que prétend le Rélateur, que le Pape auroit pû refuser l'Audience au Ministre Portugais, à l'exemple du Roi Très-Fidéle qui la refufoit au Nonce, c'eft moins un trait d'ignorance que de méchanceté : c'eft la chicane d'un homme qui veut tout confondre. Il fçavoit très-bien qu'à Lisbonne, depuis plufieurs mois, la Sécrétairerie d'Etat ne faifoit plus paffer par les mains du Nonce rien de ce qu'elle adreffoit au Pape ; qu'en Portugal on ne le regardoit plus comme Nonce ; que depuis que l'on avoit découvert fes indignes menées contre le Roi & contre l'Etat, on ne l'admettoit plus à l'Audience, on le tenoit pour fufpect, & même pour ennemi déclaré. Au contraire, le Commandeur d'Almada étoit reconnu à Rome pour un digne repréfentant de Sa Majefté Très-Fidéle, pour un homme vrai, ami de la paix, & dont la probité étoit au-deffus de tout foupçon Témoin le Billet qu'il reçut de la Sécrétairerie d'Etat du Pape avec le Manifefte contre la République de Génes. Ainfi le paralléle que voudroit faire le Rélateur, ne conclut rien, & tombe de lui-même. Il fçavoit mieux que perfonne, à fon grand regret, & il n'avoit eu garde de l'oublier, que dès l'année 1759, le Roi avoit preffé le Pape, de retirer M. Acciajuoli, témoignant la plus vive impatience de le voir hors de fes Etats. Or d'où venoit cet empreffement ? Que le Rélateur & fon Eminence me le pardonnent, ils me mettent dans la néceffité de répéter quelle en fut la caufe. Ce furent les manœuvres fécrétes & fcandaleufes du Nonce, qui portoit jufqu'aux derniers excès l'infolence & l'iniquité. Je fens que l'expreffion eft dure ; mais que fon Eminence fe l'impute à elle-même. Un Roi de

Portugal ne se blesse pas pour des riens. Après avoir fait déclarer par des représentations multipliées l'extrême attention & l'obéissance filiale dont il ne se departira jamais envers le Saint Siége Apostolique, le Roi a poussé la condescendance jusqu'à suspendre les démarches qu'exigeoient de lui la raison d'Etat, la nécessité d'une juste défense, ainsi que toutes les Loix Divines & humaines. Sa condescendance étoit d'autant plus étonnante, que le Nonce se précipitant d'abîme en abîme, par un abus téméraire & persévérant de la patience du Monarque, avoit pris à tache de lutter contre l'autorité Royale sous les yeux du Roi même & de toute sa Cour, & de braver toute la Nation, au grand étonnement & au scandale des Etrangers qui se trouvoient en Portugal. On trouve le détail de tout ceci dans le nouveau Manifeste que l'on a fait imprimer à Lisbonne [ƒ] : Et notre Auteur en étoit instruit lorsqu'il a composé cette fidéle Rélation, ou pour mieux dire, ce tissu de chicanes. Qu'il nous prouve, s'il le peut, que le Commandeur d'Almada se soit rendu coupable d'une seule des fautes que l'on reproche à son Eminence. Il sollicitoit respectueusement une Audience, sans que personne fût scandalisé du profond secret dont on veut lui faire un crime. Que le Rélateur remplisse le défi qu'on lui fait ; alors il lui sera permis d'user de récrimination, & de se plaindre des refus d'Audience faits au Nonce. En attendant, il ne sera pas en droit de dire que le Roi ne donnant plus d'Audience au Nonce depuis plusieurs

---

[ƒ] Voyez ce Manifeste dans la *Suite du Recueil* &c.

mois, le Pape étoit en droit de refuser au Commandeur celle que Sa Sainteté lui avoit judicieusement accordée. La disparité est trop grande. On ne peut reprocher à M. d'Almada, que d'avoir agi contre les Jésuites. Ce crime est-il plus énorme devant Dieu & devant les hommes, que la faute de celui qui ne les châtie point après les avoir déclarés coupables de faire publiquement le commerce dans tout l'univers, aussi bien que de soutenir & de répandre les hérésies les plus impies qui se soient élevées dans l'Eglise? Ce ne sont pas là néanmoins les accusations les plus graves que l'on intente contre eux.

Rélation.

" Dans l'intervalle, c'est-à-dire, le Mardi, arriva la poste d'Espagne. On reçut par cette voye les Lettres de Lisbonne en date du 9 Juin, & l'on apprit tout ce qui étoit arrivé au Cardinal Nonce jusqu'à ce jour-là. On sçut le procédé qui avoit été tenu à son égard, en ne lui donnant aucune part du Mariage de leurs Altesses Royales, quoique cette cérémonie eût été notifiée à tous les Ministres étrangers. On connut le motif tout-à-fait convaincant, qui avoit déterminé son Eminence à s'abstenir des démonstrations publiques de joye, tandis que les autres Ambassadeurs avoient rempli sur ce point les obligations de leur place. On fut informé de plusieurs autres faits qui ajoutoient des circonstances odieuses à l'omission dont le Cardinal seul avoit essuyé l'injure, dans la circonstance d'une fête si solennelle. On comprit par ce qui venoit d'arriver, qu'on n'en resteroit pas

,, là dans la Cour de Portugal, & qu'on pouſ-
,, ſeroit encore plus loin l'outrage fait au Mi-
,, niſtre du Saint Siege. ,,

XVIII. OBSERVATION.

Nous ignorons ſi, comme dit le *Rélateur*, la Cour de Portugal a été, ou eſt encore dans la diſpoſition de pouſſer plus loin l'outrage fait au Saint Siége. Mais ce qui nous raſſure, c'eſt qu'elle n'a rien fait que la Cour de Rome puiſſe prendre pour un outrage. La *Sacro-Sainte* Société des Jéſuites fit bien plus que de manquer de politeſſe pour un Cardinal Legat du S. Siége, comme on en a manqué, dit-on, en Portugal à l'Eminentiſſime Nonce. Après avoir détenu long-tems le Cardinal de Tournon dans une priſon rigoureuſe, ils le dépêcherent pour l'autre monde ſans paſſe-port; attendu que ce Legat s'oppoſoit à leur commerce & à leur doctrine idolatre. Néanmoins le Miniſtère du Pape ne témoigna pas le moindre reſſentiment. Si l'on paſſe un pareil meurtre aux Révérends Peres Jéſuites, comment ſe croiroit-on outragé d'un ſimple refus de politeſſe, de la part d'un Monarque? Dès que le Nonce oſoit ſe meſurer avec le Souverain, & que loin d'être regardé comme Nonce, on ne le tenoit plus que pour un ennemi declaré du Roi, pouvoit-il s'attendre à moins que d'être exclu des marques de la bonté Royale & des prérogatives que l'on doit aux Ambaſſadeurs? Mais, ce qui mérite une attention particuliére, le Nonce n'agiſſoit point ici de ſon propre mouvement; il s'entendoit avec le Miniſtère politique de Rome; il ne faiſoit qu'exécuter les ordres du Cardinal Sécrétaire d'Etat, en foulant aux pieds le Roi de Portugal. Est-il étonnant qu'un Roi si indignement outragé repousse avec dedain le vil instrument que l'on employe contre lui ?

Mais, quoi ! Le Ministère politique de Rome est-il l'ennemi juré de Sa Majesté Très-Fidéle ? Oui, sans doute. Il s'est ligué avec les ennemis publics de la vie & de la Couronne de ce Monarque Il lui a fait une déclaration de guerre, en écrivant sans détour, que Rome n'abandonneroit jamais les Jésuites, ces hommes détestables, qui sont les plus furieux ennemis de Sa Majesté. Nous n'avançons rien dont nous ne soyons en état de donner la preuve.

Si donc l'intrépide Ministére de Rome ose déclarer la guerre au Roi de Portugal, ne sera-t-il pas permis à ce Roi, de prendre ses précautions contre un ennemi si redoutable ? La défense n'est-elle pas de droit naturel ? Quand on porte une Couronne, on est obligé de la soutenir ; autrement on ne seroit ni Roi, ni Pere, ni Protecteur. Ainsi l'Auteur de la Relation a mauvaise grace de blâmer les Ministres de Lisbonne, & de s'escrimer contre eux avec sa plume satirique. Il s'imagine peut-être que ses pitoyables Ecrits feront peur au Roi & au Ministère de Portugal : Qu'il sçache, ce plat Ecrivain, que JE M'EMBARRASSE autant de lui que du Pere Zaccaria avec toute sa Séquéle.

Rélation.

" Des raisons si pressantes firent que Sa Sain-
,, teté suspendit l'Audience qu'Elle devoit don-
,, ner au Commandeur d'Almada, jusqu'à ce
,, que, par de nouveaux éclaircissemens, on
,, fût pleinement instruit de l'état des affaires
,, en Portugal ; état dont le courier arrivé le

„ mardi premier Juillet, avoit déja donné quel-
„ ques connoissances.

XIX. OBSERVATION.

Je ne sçai si ces raisons étoient justes; chacun abonde dans son sens. Mais si l'on réfléchit sur l'*Observation* précédente, on verra que notre Auteur s'avance beaucoup & prouve peu.

Relation.

„ Il n'en fallut pas d'avantage au Comman-
„ deur, pour sortir des bornes de la modé-
„ ration, & pour manquer aux égards que
„ mérite le plus petit Souverain dans ses pro-
„ pres Etats. Dès le même jour, mercredi 2
„ de Juillet, il fit distribuer à tous les Mi-
„ nistres Etrangers un Billet portant l'annonce
„ de son prochain départ de cette Cour. Ce
„ Billet étoit accompagné d'un gros paquet
„ d'Ecrits que le même Ministre avoit eu soin
„ de tenir tout prêt, & qu'il répandit aussi-
„ tôt dans Rome : Ecrits, au-reste, qui n'ont
„ pas moins scandalisé qu'ennuyé tous ceux
„ entre les mains de qui ils sont tombés.

XX. OBSERVATION.

Que notre modeste Auteur me permette de lui dire, que je trouve sa Relation mal dirigée, peu réfléchie, outrée, pleine de contradictions. Il suppose que c'est de son chef, que le Commandeur d'Almada fit distribuer aux autres Ministres les Ecrits en question, & qu'il leur notifia son départ. Dans cette supposition, le Relateur auroit raison de le blâmer. Mais si ce Ministre n'agissoit que par ordre de sa Cour, les reproches du Relateur tombent sur le Roi très-Fidéle & sur son Ministere. Il ne viendra dans l'esprit de personne que le Ministre ait pris sur lui cette démarche. Au-reste, on ne comprend pas quelle est l'idée de l'Ecrivain, quand il dit qu'on a *manqué aux égards que mérite le plus petit Souverain dans ses propres Etats.* Jamais on ne s'est plaint d'un Ministre, pour avoir informé les autres Ambassadeurs de ce qui arrivoit à son Maître : jamais en pareil cas on n'accusa ce Ministre de manquer de respect au Souverain auprès duquel il réside. Mais le Relateur, pour se procurer la consolation d'avoir des semblables, s'est proposé sur-tout de faire passer le Commandeur d'Almada pour l'homme du monde le plus injuste. Il ose assurer que ce Commandeur, sur la simple suspension de l'Audience promise, *franchit toutes les bornes de la modération,* & *des égards que mérite le plus petit Souverain,* &c.

Le Relateur devoit dire plutôt, que M. d'Almada sentit toute l'énergie du Billet que lui écrivit le Maître de la Chambre, pour révoquer absolument la promesse de l'Audience. Voici les termes de ce Billet : ,, Le Maî-
,, tre de la Chambre... chargé de faire sça-
,, voir à l'Illustrissime Commandeur d'Alma-
,, da, par ordre exprès de Sa Sainteté, qu'at-
,, tendu quelques nouveaux incidens venus à
,, sa connoissance par les Lettres que le cour-
,, rier ordinaire apporta hier de Lisbonne, &
,, qui seront communiquées à votre Seigneurie
,, Illustrissime, *par une voie plus convenable,*
,, n'a pas, ce matin, pour agréable de lui don-
,, ner audience. ,, Il est visible que ces paroles

mettoient le Commandeur dans l'indispensable nécessité d'exécuter sur le champ les ordres de la Cour. Néanmoins notre modeste Relateur taxe d'immodérée la conduite d'un Ministre qui ne fait qu'exécuter à la lettre les volontés de son Souverain, en publiant par-tout les justes motifs qui ont forcé le Roi de faire sortir de Lisbonne un Nonce que le Pape refusoit depuis si long-tems de rappeller, malgré les instances réitérées de Sa Majesté.

Quoi donc ! le Commandeur devoit-il partir de Rome à petit bruit & sans se plaindre ? Pouvoit-il manquer à l'ordre que sa Cour lui avoit donné, de partir aussi-tôt qu'on lui fermeroit l'accès du Trône Pontifical ? Devoit-il se retirer sans instruire le Public des motifs de sa retraite ?

C'est justement ce qu'auroit voulu l'Auteur de la Relation ; puisqu'il dit que le Commandeur n'étant pas en Portugal, mais à Rome, n'auroit pas dû publier ce paquet d'Ecrits sans la permission du Pape, sans la révision de la Congrégation de l'*Index*. C'étoit le moyen de ne point insulter le Pape dans sa propre Cour. Expédient tout-à-fait digne de la science profonde du Relateur !

Cependant à Rome on déchire le Roi de Portugal. Des langues & des plumes sacriléges ne cessent d'attaquer son honneur par les calomnies les plus sanglantes. Tout cela n'a pas fait la moindre sensation sur notre Relateur. Jusqu'ici la délicatesse du Ministere politique du Pape n'en a point parû blessée. Et l'on veut qu'un Roi de Portugal ne puisse faire entendre sa voix par l'organe de son Ministre Plénipotentiaire sans la permission du Pape, sans l'attache de son Gouvernement ! Où sont ces égards que l'on doit avoir pour le dernier des Souverains, si l'on peut calomnier impunément à Rome un Roi de Portugal sous les yeux même du Pontife ? Ce n'est pas à la Chine, c'est à Rome, que l'on a calomnié ce Monarque. Pour parler & pour écrire, les calomniateurs avoient-ils la permission du Pape ou de l'*Index* ? Que notre judicieux Relateur se tranquilise, qu'il laisse faire le Ministre de Portugal. Celui-ci sçait bien ce qu'il fait ; & il n'a besoin ni de maître ni de pédagogue : mais que notre Auteur prenne garde que sa Relation ne devienne la fable de l'Europe.

Cette multitude d'Ecrits fastidieux ennuye, dit-il, tout le monde, & cause à Rome un scandale affreux. L'ennui qu'ont donné ces Ecrits, ne nous dégoûte point d'écrire. Aussi-bien n'ont-ils pas été répandus dans tous les quartiers de Rome ; peu de gens les ont lûs, moins encore les ont gardés ; voilà ce qui nous désole. [g] Quand au scandale que donnent ces Ecrits, le remède est facile ; les bonnes ames n'ont qu'à s'en interdire la lecture : & déja si je ne me trompe, elle aura été défendue par les Confesseurs les mieux méritans de l'Eglise, par ces réformateurs de nouvelle trempe qui nous ont refondu la morale de J. C. Au-reste, si l'on veut sçavoir pour qui la lecture de ces Ecrits est ennuyeuse ; c'est pour cette espèce de gens qui s'y trouvent mal menés ; c'est pour ce qu'il y a de plus scandaleux à Rome ; c'est pour les dignes suppôts des Jésuites ; pour ces esclaves vils qu'ils tiennent à leurs gages ; tous

---

(g) C'est ici une ironie ; on s'arrachoit ces Ecrits les uns aux autres dans Rome, tant on avoit d'empressement de les lire.

ennemis, jurés de Sa Majesté très-Fidéle, tous satellites du Gouvernement Romain : Gens à qui l'Evangile même de S. Jean donneroit du scandale, s'il étoit mis en parallèle avec la Doctrine qui enseigne le meurtre des Rois, qui permet le commerce, &c. aux *bien-méritans de l'Eglise*.

Relation.

„ On n'entreprend pas maintenant de ré-
„ pondre à tout ce qui est si méchamment
„ rassemblé dans ces papiers. La réponse se
„ fera dans un autre tems, s'il en est besoin.
„ On observe seulement qu'il n'y a rien de
„ solide dans ces Ecrits, excepté les témoigna-
„ ges réitérés qu'on y donne de l'obéissance
„ filiale, & du dévouement parfait de Sa Ma-
„ jesté très-Fidéle envers le S. Siége Aposto-
„ que. Sa Sainteté a toujours été & sera tou-
„ jours pleinement persuadée de ces sentimens
„ du Roi de Portugal, quoique la conduite de
„ son Ministre n'y ait jamais été conforme.

„ Dans les papiers distribués par ce Minis-
„ tre, il n'y a de tolérable que divers docu-
„ mens, qui prouvent tout le contraire de ce
„ qu'on a prétendu établir dans la déduction
„ des faits & des raisons : documens qui, d'ail-
„ leurs, mettent dans le plus grand jour l'ex-
„ trême condescendance qu'à eue le S. Pere
„ pour les demandes de Sa Majesté ; l'empresse-
„ ment qu'à toujours témoigné Sa Sainteté
„ pour prévenir les desirs de ce Prince ; la
„ patience des Ministres du Pape en traitant
„ avec le Ministre Plénipotentiaire du Roi :
„ patience dont les premiers ne se sont point
„ écartés, depuis même qu'on a connu l'étrange

,, façon d'agir de ce Ministre à la Cour de
,, Lisbonne; depuis sur-tout qu'on a eu si gran-
,, de raison de se défier de lui, au sujet d'un
,, Mémoire qui a été envoyé dès le mois d'Oc-
,, tobre de l'année derniere. On ignore qu'est
,, devenu cet Ecrit, & s'il a eu l'avantage de
,, parvenir jusqu'au trône de Sa Majesté : mais
,, on ne laissera pas de le rendre public par
,, forme de supplément au sommaire qu'à dis-
,, tribué le Commandeur d'Almada.

XXI. OBSERVATION.

Le Relateur fait très-bien de ne vouloir pas répondre maintenant à tout ce qui est si méchamment rassemblé dans ces papiers. [*Méchamment* signifie ici sans doute, *d'une maniere assez piquante.*] Il a raison de ne se point charger de cette entreprise : il n'en viendroit pas à son honneur, s'il vouloit faire une réponse cathégorique. C'est, d'ailleurs, assez son usage, de nous renvoyer au Calendes grecques. Après-tout, quand on est à l'Ecole des Jésuites, il est toujours aisé de ne pas demeurer en reste. Dans cette Ecole, la calomnie sert de réponse, & l'on nie la vérité par systême.

Je découvre au Relateur le fond de mon ame ; s'il me prend pour un Janséniste, il se trompe : je suis plutôt ce qu'on appelle un *puant* Moliniste ; antiché du pur Congruisme, je suis rompu dans le manége de la science moyenne. Qu'il réponde, qu'il parle, qu'il dise à tort & travers tout ce qui lui viendra dans l'esprit ; on est prêt à l'écouter, & même à lui fournir des mémoires. On lui promet de quoi grossir & enrichir sa Relation : nous avons en main plusieurs piéces qui sont à son service. En
attendant,

attendant, qu'il publie, s'il l'a pour agréable, le fameux Mémoire dont il menace le Commandeur d'Almada. Nous ferons à ce chef-d'œuvre un accueil gracieux ; il servira de base à un Mémoire d'un stile un peu différent. Nous y dévoilerons l'iniquité consommée des Ministres de Rome ; & nous le rendrons *public par forme de supplément au Recueil qu'à distribué le Commandeur d'Almada.*

La patience échappe, lorsqu'on entend notre Auteur prendre le ton ironique, & dépriser le respect filial de Sa Majesté très-Fidéle pour le Siége Apostolique & pour la personne du Pape. Quel amas de paroles inutiles, & d'expressions si vuides de sens, qu'elles convaincroient Aristote qu'il y a du vuide dans la Nature ! Mais si, comme prétend le Relateur, *Sa Sainteté à toujours été pleinement persuadée de l'obéissance filiale & du dévouement parfait du Roi très-Fidéle*, quelles marques a-t-elle données de cette persuasion ? Où sont les preuves qui, selon l'Auteur, *mettent dans le plus grand jour l'extrême condescendance qu'à eue le Saint Pere pour les demandes de Sa Majesté ?*

Quand on tient un pareil langage, il faut avoir un front d'airain & le courage du Relateur. Ignore-t-on que le Roi n'a pas encore obtenu le Bref qu'il demande depuis plus d'un an : Bref dont il peut bien se passer, & dont il a déja la substance dans celui de Grégoire XIII ? Le Relateur se mocque de la déduction des faits & des raisons ; quoiqu'il sache très-bien que dans cet Ecrit, les preuves sont portées jusqu'à la derniere évidence. N'importe : pour tourner en ridicule l'autorité Royale, il poursuit en ces termes :

C

Relation.

» On ajoute encore que les Miniſtres de Sa
» Sainteté ont toujours eu & auront toujours
» pour Sa Majeſté très-Fidéle ce reſpect,
» cette vénération, ce dévouement, qui ſont
» dûs à toutes les Têtes couronnées, & que
» mérite ſpécialement un Roi, qui par lui-
» même, & en conſidération de ſes auguſtes
» Ancêtres, a tant de part à la prédilec-
» tion du S. Siége. En conſéquence de ces ſen-
» timens, dont la vérité eſt inconteſtable, ces
» mêmes Miniſtres du S. Pere ſe ſont toujours
» fait, & ſe feront toujours une loi de reſpec-
» ter les Miniſtres qui approchent de plus près
» le Monarque. Ils ſe garderoient bien d'en
» parler autrement que comme de perſonnes
» attachées à la Majeſté Royale ; & ils n'ou-
» blient point qu'on ne peut inſulter un Miniſ-
» tre en ce qui regarde le Miniſtere, ſans
» faire injure au Souverain.

» D'après ces principes, les Miniſtres ſages
» & éclairés, auſquels le Commandeur d'Al-
» mada a fait paſſer ſes papiers, examineront
» s'il lui étoit permis de parler comme il a
» fait, des Miniſtres de Sa Sainteté, ſans of-
» fenſer griévement le S. Pere.

XXII. OBSERVATION.

En partant de cette maxime du Relateur, que l'*on ne peut inſulter un Miniſtre, en ce qui regarde le Miniſtere, ſans faire injure au Souverain*, concluons que Rome inſulte double-ment Sa Majeſté très-Fidéle. 1°. On l'accuſe d'avoir chaſſé ſans raiſon le Cardinal Acciajuóli, & parconféquent d'avoir outragé le Pape dans la perfonne de fon Miniftre. 2°. On outrage ce Monarque, en traitant d'une maniere indigne fon Plénipotentiaire; & pour aggraver encore l'infulte, l'Auteur de la Relation décharge injuftement contre ce Miniftre toute fa rage & toute fa fureur.

N'ai-je donc pas droit d'emprunter ici les paroles de cet Écrivain, pour rendre palpable fa malignité ? *D'après ces principes, les Miniftres fages & éclairés à qui le Commandeur d'Almada a fait paffer fes papiers*, (& à qui le Relateur a fait pareillement paffer fa Relation) *examineront s'il étoit permis* (au Relateur) *de parler comme il a fait du Miniftre d'une Tête couronnée, fans offenfer grièvement Sa Majefté.*

Mais eft-il bien vrai que *l'on ne puiffe infulter un Miniftre, en ce qui regarde le Miniftere, fans faire injure au Souverain ?* Le Relateur en convient: & je le félicite de fe rapprocher en ce point des véritables maximes. Je le reconnois en cela pour un homme docte, prudent, expérimenté, bon politique & fincère. Plût à Dieu, qu'il fît adopter ce principe par les Miniftres du Pape ! leur converfion lui feroit un honneur immortel. Mais comme il ne leur fait pas encore pratiquer ces maximes d'une faine & noble Politique, qu'il ne s'étonne pas fi je prends la liberté de relever les platitudes & les impertinences dont fa Relation eft fi remplie, qu'on la prendroit pour un de ces fratras de calomnies, dont le P. Zaccaria regale habituellement le Public.

Revenons à notre fujet. Puifqu'il eft inconteftable que *l'on ne peut infulter un Miniftre, en ce qui regarde fon Miniftere, fans faire injure au Souverain*, je tremble pour le Rélateur, qui non content d'infulter à Rome l'Ambaſſadeur du Roi de Portugal, va juſqu'à Lisbonne infulter tout ſon Miniſtere. Peut-être que le Card. Torregiani ne conviendra pas du fait ; il niera tout, c'eſt ſa coutume : mais doit-on s'en embarraſſer. Tout eſt permis aux créatures, aux penſionnaires des Jéſuites. Que le Commandeur d'Almada paſſe dans l'eſprit des ſots pour un homme injuſte & mal intentionné, c'eſt ce que demande le Miniſtere politique de Rome, ainſi que les Jéſuites & leurs adhérens. Que l'on offenſe, ou que l'on n'offenſe pas le Roi de Portugal, qu'on l'inſulte ou non ; c'eſt ce qui ne leur importe nullement.

J'avois réſolu, je le confeſſe, de ne point rendre publics certains faits venus à ma connoiſſance par des voyes très-ſûres. Je voulois les ſupprimer par ménagement, quelqu'avantage que j'en puſſe tirer pour détruire les vains diſcours & les noires calomnies que l'on répand de toutes parts. Mais quelle réſolution pourroit tenir contre les excès du Rélateur ? Il m'arrache ces faits, il me force de les publier. C'eſt ſa faute, qu'il en demande pardon à Dieu.

Depuis que j'ai vû traiter à Rome avec le dernier mépris mon Roi, mon Seigneur, à qui je dois, en qualité de Sujet, une inviolable fidélité : depuis que j'ai vû manquer au reſpect qu'on lui doit, & couvrir d'opprobres ſon Ambaſſadeur, j'ai ſenti mon zèle s'enflamer, je me trouve dans un état violent, & ne puis comprendre comment un perſonnage du rang de M. d'Almada, un Miniſtre du Roi, un repréſentant de Sa Majeſté ſuprême, a ſouffert & diſſimulé avec une telle patience les incivilités & les hauteurs qu'il a essuyées de la part du Ministère du Pape. Je ne suis pas honnoré du même caractère; mais je n'aurois pû les endurer. Quel a été le fruit de sa modération ? Il est sorti de dessous terre un Rélateur effronté qui veut le faire passer pour l'homme du monde le plus violent.

Poussé à bout, moins par l'invincible patience de ce Seigneur, que par les traits piquans de la Relation, je ne puis me dispenser de défendre l'honneur de mon Souverain, dont un indigne calomniateur noircit la conduite : calomniateur d'autant plus odieux, que pour donner le change aux Lecteurs, il les étourdit par des expressions pompeuses. *Les Ministres du S. Pere*, dit-il, *ont toujours eu & auront toujours pour Sa Majesté Très-Fidéle ce respect, cette vénération, ce dévouement, qui sont dûs à toutes les Têtes Couronnés.* Apprecions ces complimens, & prouvons quelle en est la sincerité par les Démonstrations suivantes.

I. DEMONSTRATION.

Aussi-tôt que le Général des Jésuites eut présenté au Pape son fameux Mémorial le 31 Juillet 1758, jour de la Saint Ignace ; les Ministres du Pape jugerent le Roi Très-Fidéle criminel de Leze-Majesté Jésuitique, ou du moins, les Jésuites le crurent ainsi. D'après ce jugement, il s'en forma un autre dans Rome aussi ridicule, aussi pitoyable. On crut que les Jésuites de Portugal n'étoient point coupables, & que le Roi les persécutoit injustement. La Cour du Pape ne se contenta pas de le dire d'une maniere vague, elle parut faire son capital de réaliser l'innocence des Jésuites par tous les moyens imagi-

nables ; la fausseté, la vérité, tout servoit également. Le Général vint à l'appui par l'effronterie avec laquelle il avança, qu'il n'avoit aucune connoissance des fautes dont ses Religieux étoient accusés en Portugal. " Depuis que ces Reli-
„ gieux, dit-il, ont appris qu'ils avoient eu le
„ malheur d'encourir la disgrace de Sa Majesté
„ Très-Fidéle, ils en ont témoigné une extrême
„ douleur, & supplié qu'on leur donnât une
„ connoissance particuliere des délits & des cou-
„ pables : mais jusqu'ici leurs humbles prieres
„ & les représentations de Supérieurs n'ont pas
„ mérité d'être écoutées. „

Cette imposture fut détruite par la publication d'une Lettre que Sa Majesté très-Fidéle avoit écrite au Général dès le mois d'Octobre 1757. On la trouve toute entiere dans les *Réflexions d'un Portugais sur le Mémorial.* Quand cet excellent livre n'apporteroit d'autre preuve que cette Lettre, pour convaincre d'imposture ce Général ; c'étoit plus qu'il n'en falloit, pour engager les Ministres du Pape à châtier un Supérieur & des Religieux, qui poussoient l'audace & la témérité jusqu'à vouloir par un mensonge impudent surprendre le Souverain Pontife dans des conjonctures si délicates, & qui demandoient tant de reflexions.

Mais, quoi ! les Jésuites capables de mentir ! les Jésuites tromper le Pape, eux qui sont *les bien-méritans de l'Eglise* ! Les Jésuites qui font tout *pour la plus grande gloire de Dieu*, accusés d'imposture, quel blasphême ! La Lettre du Roi de Portugal sera faite à plaisir. Mais les Jés. en imposer à quelqu'un ! Cela n'est ni vrai ni possible. Si la Lettre du Roi n'est pas supposée, les faits qu'elle contient seront faux. Le Général l'assure, cela suffit. Il déclare que les Jésuites de Portugal & ceux d'Amérique sont innocens ; d'après cet unique témoignage, les Ministres de Rome donneront au Roi de Portugal & à sa Lettre un démenti solemnel : le tout néanmoins pour montrer plus de *respect & de vénération* envers cet Auguste Monarque, ainsi que les Jésuites sont menteurs *pour la plus grande gloire de Dieu*. Je dois faire l'aveu de ma simplicité. Je ne doutai pas alors que l'on n'arrêtât, & qu'on ne mît au Château Saint Ange le Général de la Compagnie. Ce n'étoit pas que je crusse les Ministres de Rome assez zélés pour maintenir ainsi la dignité du Chef de l'Eglise ; c'est-là le dernier de leurs soins. Mais je me flattai que le livre des *Réflexions* parviendroit tôt ou tard jusqu'au Pape, & qu'alors Sa Sainteté, confrontant cet Ecrit avec le Mémorial des Jésuites, connoîtroit par la Lettre du Roi, que le Général la trompoit ; qu'Elle le manderoit, & le reprimanderoit d'importance.

Quand je vis qu'on n'arrêtoit point ce Général, j'imaginai que ce Révérend Pere, mandé & réprimandé par le Pape, auroit nié rondement & franchement, à la Jésuite, qu'il eût reçu cette Lettre. Je l'avois craint ; & c'est pour cela que j'avois eu la précaution de me pourvoir d'un reçu du Général, écrit de sa propre main, pour le faire passer jusqu'au Pape. Voyant donc que ses Ministres pensoient à toute autre chose, je voulus me persuader que le livre des *Réflexions* n'avoit pas eu le bonheur de tomber entre ses mains. Je ne pus me tenir en repos jusqu'à ce qu'un Cardinal eut la bonté de me dire : *Ce matin, le Pape m'a montré, non-seulement les Reflexions, mais encore tous les autres Ecrits qui sont sortis de la Cour de Portugal concernant les Peres Jésuites.* Alors je baissai les

C iv

épaules, & restai confondu............. Le Rélateur n'ignore pas ces Anecdotes; mais je suis bien aise qu'il sache que j'en suis passablement instruit. Je les lui rappelle, afin que s'il donne le supplément de sa Rélation, il puisse dire avec sa sincerité ordinaire, & avec plus d'assurance, que les *Ministres de Sa Sainteté ont toujours eu & auront toujours pour Sa Majesté Très-Fidéle, ce respect, cette vénération, ce dévouement, qui &c*.

Je crois encore entendre le Général des Jésuites répeter que ses prières & ses représentations n'ont pas mérité jusqu'ici d'être écoutées par Sa Majesté Très-Fidéle. Qu'il est à plaindre ! Pendant ce tems-là, Rome refuse de croire le Roi de Portugal, ses Ministres d'Etat, ses Officiers de Justice : mais elle croit aveuglément le très-respectable Pere Général, quoiqu'il ait été convaincu plus d'une fois d'être un insigne imposteur. Il a trouvé tant de croyance auprès des Ministres du Pape, que dans leurs réponses aux Lettres du Cardinal Acciajuoli; réponses dattées du 20 Mai, des 6, 13 & 18 Juin 1758, qui contenoient les résolutions qu'avoit pris le Pape en conséquence des Lettres de son Nonce; ils faisoient l'éloge de la sincerité du Général, & accabloient de louanges sa Compagnie immaculée, toute sainte, & toujours *bien-méritante de l'Eglise*. (On trouvera une copie de cette Piéce dans le Recueil, lettre E.) Le tout, pour prouver *le respect, la vénération, le dévouement que les Ministres de Sa Sainteté ont toujours eu & auront toujours pour Sa Majesté très-Fidéle*.

Dans ces mêmes dépêches adressées au Nonce, on taxe le Cardinal Saldanha d'avoir, par une Ordonnance prématurée, déclaré les Jésuites coupables d'un commerce public, avant qu'il en eût acquis des preuves juridiques. On appuie ce reproche sur ce que l'Ordonnance imprimée avoit paru dès le 28 de Mai, & que la visite ne fut ouverte que trois jours après, c'est-à-dire, le 31 Juin : *preuve manifeste*, dit-on, *que l'on a condamné les Jésuites sans les entendre, & que l'inspection de leurs Livres auroit fait voir la fausseté de l'accusation*. Pour ne pas laisser ici la vérité en souffrance, remarquons en passant, que l'Ordonnance, quoiqu'antérieure à l'ouverture de la visite, n'en étoit pas moins juste. Ce n'est pas, comme on le suppose malignement, une condamnation, puisqu'on n'y prononce aucune peine. On se contente d'y déclarer que les Jésuites font réellement le commerce, & de le leur défendre. Or rien de plus juste & de plus nécessaire pour l'intérêt des autres Négocians. Le commerce des Jésuites étoit public, leurs magasins étoient ouverts, on les voyoit dans tout le Portugal trafiquer aussi publiquement que les Négocians laïcs. Ce désordre scandaleux frappoit les yeux de tout le monde. L'Eminentissime Réformateur, pour y remédier, & pour prévenir plusieurs inconvéniens qui pouvoient naître du moindre délai, se vit obligé de hâter la publication de son Ordonnance. Il n'y avoit point d'autre moyen d'anéantir le commerce que faisoient les vénérables Peres pour la plus grande gloire de Dieu, & pour le profit de leur Societé. Il est bon d'observer que le Nonce seul avoit toujours paru fermer les yeux sur ce commerce ; lui qui, par état, se trouvoit obligé de faire observer les saints Canons & les Constitutions Apostoliques à ces usuriers publics & scandaleux. Mais, que dis-je ! j'oubliois que ces usuriers & ces Commerçans étoient des Jésuites : or les Jésuites ont droit de tout faire, & n'en sont pas moins canonisés par le Ministère de Rome, comme *bien-méritans de l'Eglise.*

Pour finir ce que j'avois à dire sur le Mémorial des Jésuites, j'ajouterai qu'il ne fut point communiqué à M. d'Almada, quoique la justice l'eût demandé. Au contraire, de peur que cette Piéce ne vînt à sa connoissance, on ordonna qu'elle fût tenue sous le secret rigoureux du saint Office. En quoi le Ministère de Rome traita plus mal le Monarque très-Fidéle, qu'on n'a coutume de traiter le dernier des Moines. Que l'on présente un Mémoire au Pape contre un Frere convers, aussi-tôt ce Mémoire est remis, *pro informatione*, à qui il appartient ; parce que c'est une obligation indispensable d'entendre les deux Parties, suivant cette maxime de Senèque :

Quicumque statuit, parte inaudita alterâ
Acquum licèt statuerit, haud œquus fuit.
Sur l'exposé d'un seul, quiconque ose juger,
Recontrât-il le vrai, commet une injustice.

Quoique le Commandeur d'Almada eût offert au Pape de donner tous les éclaircissemens dont Sa Sainteté croiroit avoir besoin ; depuis le commencement de son glorieux Pontificat Elle ne lui en a jamais demandé. Mais en récompense, on n'a pas manqué d'en demander aux Jésuites, qui journellement tiennent de longues séances au Palais. Je ne parle point des autres marques éclatantes de faveur & de protection que l'on affecte de prodiguer à des hommes que Sa Majesté très-Fidéle a déclarés, par un jugement solemnel, convaincus des plus exécrables forfaits.

Au contraire, c'est un crime d'avoir fait imprimer la *Relation abregée de la République* que les saints Missionnaires Jésuites avoient établie au Paraguai & dans les deux Amériques, la Portugaise & l'Espagnole; quoique cette Relation eût été présentée à Benoît XIV. de la part du Roi très-Fidèle, & citée par ce grand Pape dans son Bref de réforme. Le Decret de l'Eminentissime Patriarche n'a pas eu un meilleur sort. Toute l'Edition Italienne de la *Relation abregée* fut remise entre les mains du P. Général, non sans doute pour avoir des éclaircissemens, (en falloit-il sur le contenu de cet Ecrit?) mais pour rendre hommade à leurs Révérences, à ces hommes *bien-méritans de l'Eglise*; & parce que *les Ministres de Sa Sainteté ont toujours eu pour Sa Majesté très-Fidéle, le respect, la vénération, le dévouement qui sont dûs*, &c.

II. DEMONSTRATION.

Lorsque les Jésuites eurent été déclarés à Lisbonne, par autorité publique, coupables de l'assassinat du Roi; à peine cette effroyable nouvelle fut arrivée à Rome, que le Commandeur d'Almada, regardé jusqu'alors comme un Cavalier plein d'honneur, de modération, de prudence, devint tout-à-coup un impoli, un emporté, un imprudent, le plus mal-habile des hommes, & tout ce qu'il plaît au Relateur d'en dire aujourd'hui. Ce Ministre fit demander au Pape une audience qui lui fut accordée pour le Vendredi suivant à 13 heures. Il se rendit, à l'ordinaire, dans l'anti-chambre

du Pape sur les 14 heures. On le fit attendre
jusqu'à 15 heures & demie. Tout autre Ministre se fût retiré sur le champ sans autre cérémonie, & auroit écrit à sa Cour. Cependant le Commandeur d'Almada, cet incivil,
cet étourdi, cet audacieux, s'arme d'une patience à toute épreuve, attend, va à l'audience, & ne mande rien de ceci à la Cour
de Lisbonne. S'il en avoit écrit un seul mot,
Dieu sçait comment on auroit pris feu sur
cette impolitesse, sur cette étrange inattention
pour le représentant d'un Roi que Rome doit
respecter à tant de titres. C'est en effet une
preuve singuliere du *respect, de la vénération,
du dévouement qu'ont les Ministres de Sa Sainteté
pour Sa Majesté très-Fidéle.*

III. DEMONSTRATION.

Une autre fois, le Commandeur alla présenter son Neveu, fils du premier Ministre de
Portugal, à M. le Cardinal Rezzonico. Son
Eminence eut l'honnêteté de le recevoir de-
bout, au grand étonnement de ses propres
Domestiques. Je veux croire qu'elle n'employa ce rafinement de politesse, que pour se
conformer aux autres Ministres, qui *ont toujours eu & auront toujours pour Sa Majesté
très-Fidéle, le respect*, &c. Peut-être que notre subtil Relateur imaginera une meilleure raison : Le Commandeur, dira-t-il, n'alloit pas
comme Ministre, mais comme personne privée, chez le Cardinal Rezzonico. Découverte
ingénieuse ! admirable distinction ! Mais si
l'homme privé peut être séparé du Ministre,
on peut également séparer le Bourgeois de
l'Eminence. Abstraction faite de tous les titres,

si l'on met dans la balance, d'un côté le Rezzonico, & de l'autre l'Almada, que l'on me dise pour qui penchera la balance ? Mais comme les comparaisons sont toujours odieuses, laissons subsister l'équilibre. Il ne seroit ni honnête ni prudent de le rompre.

Quoiqu'il en soit, on ne laissa pas longtems ignorer au Commandeur, que la mauvaise réception qu'il avoit essuyée, n'étoit pas l'effet d'une précision métaphysique, mais d'un dessein formé d'insulter son caractère. Un jour, sortant de l'audience du Pape, le Commandeur voulut, non comme particulier, mais comme Ministre, faire une visite à cette Eminence. Il eut soin de l'en prévenir par un message, pour lui demander si elle auroit pour agréable de le recevoir. On lui fit dire qu'il étoit le maître. Il arrive : mais on le retient incivilement dans l'anti-chambre, sous prétexte que le Cardinal étoit en affaire avec M. le Vice-gérent. Pour cette fois M. d'Almada voulut faire connoître, que ni l'Ambassadeur de Sa Majesté très-Fidéle, ni même le Commandeur d'Almada, ne méritoit une impolitesse si grossiére, & qu'il n'étoit pas fait pour se morfondre à la porte d'un Cardinal, qu'il avoit fait prévenir. Il se retira, faisant entendre au Maître de la chambre, qu'il n'avoit pas coutume de meubler l'anti-chambre de qui que ce fût. Avec tout autre Ministre, son Eminence n'en eût pas été quitte à si bon marché : témoin le P. Evora, qui beaucoup moins mal traité par le Cardinal Aquaviva, prétendit avoir une réparation. Pour le Commandeur d'Almada, il ne fit aucune démarche, convaincu par une longue expérience, du *respect*, de la *vénération*, du *dévouement* que les

Miniſtres du Pape ont toujours eu & auront toujours pour Sa Majeſté très-Fidéle.

IV. DEMONSTRATION.

„ En conſéquence de ces ſentimens [dont
„ la vérité eſt ſi bien prouvée par les faits que
„ nous venons de rapporter,] „ les Miniſtres
„ du S. Pere, dit l'Auteur de la Relation, ſe
„ ſont toujours fait & ſe feront toujours une
„ loi de reſpecter les Miniſtres qui approchent
„ de plus près le Roi très-Fdéle. Ils ſe gar-
„ deroient bien d'en parler autrement, que
„ comme de perſonnes attachées à la Majeſté
„ Royale : & ils n'oublient point qu'on ne
„ peut inſulter un Miniſtre, en ce qui regarde
„ le Miniſtere, ſans faire injure au Souverain. „
O ciel ! quelle forfanterie ! Oſeront - ils dire
qu'ils ayent obſervé à l'égard du Commandeur d'Almada cette loi dont ils ſe vantent ?
En cas qu'ils ſe la ſoyent impoſée, ils en auront ſans doute obtenu diſpenſe ſur le champ.

Ce qui me le perſuade, c'eſt que l'Ambaſſadeur du Roi très-Fidèle a toujours eu le
malheur d'être reçu par le Cardinal Torregiani comme l'auroit été le Gouverneur de
Rignano, ou le Barigel de Rome. Ainſi l'on
pourroit dire avec beaucoup de juſtice, que le
Relateur, par un tour de Rhétorique, veut
faire entendre à ſes Lecteurs, que les Miniſtres
du S. Pere ſe ſont fait une loi de s'accorder tous
en toute rencontre à ſe mocquer des Miniſtres du Roi de Portugal ; afin que tous ces
affronts retombaſſent ſur leur Maître, ſachant
bien que l'*on ne peut inſulter un Miniſtre, en ce
qui concerne le Miniſtere, ſans faire injure au
Souverain.* Voilà pourquoi ſon Eminence a

presque toujours reçu le Commandeur, appuyée indécemment sur une petite table, ou dans quelqu'autre attitude impolie & mé-séante à un Cardinal.

Cependant M. d'Almada paroissoit entierement insensible aux grossieretés multipliées du Card. Torregiani, & se faisoit une loi de dissimuler. Peut-être sçavoit-il que la politesse n'est pas naturelle à cette Eminence. Peut-être craignoit-il ce qui seroit infailliblement arrivé s'il eût témoigné le moindre ressentiment, que la paix ne fût troublée dans un tems où elle étoit si nécessaire aux deux Cours. Mais l'Eminence, voyant l'insensibilité apparente de ce Ministre, voulut le pousser à bout, & lui faire connoître à n'en plus douter, que les impolitesses qu'il avoit essuyées, s'adressoient plutôt à la personne du Roi qu'à celle de son Ambassadeur, qui fut enfin convaincu *du respect, de la vénération & du dévouement que les Ministres de Sa Sainteté ont toujours eu & auront toujours pour Sa Majesté très-Fidéle.*

V. DEMONSTRATION.

Voici la preuve des preuves. On reçoit à Rome l'Edit par lequel Sa Majesté très-Fidéle déclare l'horrible attentat commis sur son auguste Personne. A cette nouvelle, le Commandeur d'Almada, hors de lui-même, la douleur dans le cœur, les larmes aux yeux, va dès le soir chez le Card. Torregiani, pour lui faire part de ce funeste événement. L'Eminence, déja instruite par les Lettres du Nonce de Lisbonne, d'un air gai, radieux & content (toujours de bout à l'ordinaire.) demande à l'Ambassadeur, quelles BONNES nouvelles il a reçues de sa Cour. Celui-ci, que son trouble empêchoit de détailler cette cruelle catastrophe, se contenta de lui dire : M. le Nonce doit vous avoir écrit le malheur qui est arrivé. Alors le Cardinal, pour donner une preuve frappante des sentimens de respect, de vénération, &c. dont il étoit pénétré pour Sa Majesté très-Fidéle, dit, en plaignant le sort du Monarque : *Mon cher Monsieur, ce sont les péchés de la Nation !* compliment que n'auroit pas fait, en pareille conjonĉture, un homme qui eût eu l'ombre du sens commun. C'est néanmoins le principal Ministre du Chef de l'Eglise Catholique Romaine qui le fait, parlant à la personne de celui qui représente le Roi que l'on vient d'assassiner. C'est ce même Ministre qui se glorifie avec une sécurité vraiment étonnante *du respect, de la vénération, du dévouement que les Ministres de Sa Sainteté ont toujours eu & auront toujours pour Sa Majesté très-Fidéle.* Je laisse au Public à juger de ce qu'auroit, en pareil cas, repliqué le Ministre le plus sage, le plus prudent, le plus religieux. Pour M. d'Almada, cet imprudent, ce fougueux, ce mal-avisé, il ne dit mot, & n'écrivit rien à sa Cour, suivant les Mémoires que j'ai entre les mains, & dont je puis garantir la fidélité. Il craignit d'occasionner quelque coup d'éclat. Zélé serviteur du S. Siége, il vouloit éviter la rupture que desiroit de tout leur cœur les *bien-méritans de l'Eglise*, & qui seroit immanquablement arrivée, grace aux bons offices du Cardinal Torregiani.

Ce silence du Commandeur fit apparemment croire à l'Eminence, qu'elle n'avoit pas été bien entendue. C'est pourquoi, dans une autre rencontre, elle eut soin de lui répéter le même compliment, mais plus ample & plus gracieux. *Ce sont*, dit-elle, *les péchés de cette Nation. Quoi! voudriez-vous nier que Lisbonne ne soit devenue une Genève, & qu'il ne s'y trouve des misérables qui achettent des Négresses pour les prostituer, & pour en vendre les enfans?*

Pour cette fois, le Commandeur n'y pût tenir; mais comme il sentit que l'unique but de l'Eminence étoit de le piquer jusqu'au vif, & de décider ainsi la rupture, après laquelle soupiroient les *Bien-méritans*, il fut assez maître de lui-même, pour répondre avec plus de modération, que ne vouloit & ne méritoit le Cardinal. Alors sans se déconcerter ni témoigner le moindre déplaisir de l'injure sanglante qu'il venoit de faire à une Nation entière, & à un Monarque plein de religion, le Seigneur Torregiani dit seulement d'un air dégagé: *Pour moi, je n'ai point été à Lisbonne: ce que j'en dis, je le tiens des Cardinaux Oddi & Tempi.* Il auroit pû sans scrupule citer pour ses Auteurs les Jésuites ses confédérés. Ils ont une pleine liberté de conscience pour medire & pour calomnier. Mais sa vénération pour cet Ordre irréligieux ne lui permit pas de les nommer. Il aima mieux attribuer à deux Cardinaux ce panegyrique de la Nation portugaise, pour prouver que *les Ministres de Sa Sainteté ont toujours eu & auront toujours beaucoup de respect, de vénération & de dévouement pour Sa Majesté Très-Fidèle*.

VI DEMONSTRATION.

L'assassinat du dernier des hommes excite une commisération générale. On n'en apprend la nouvelle, on ne la répéte, qu'avec une sorte d'attendrissement. Mais l'assassinat du Roi ne pût arracher aux Ministres du Pape un seul mot, pas même une grimace, de compassion. Néanmoins cet attentat venoit d'être constaté par un jugement solemnel. Mais les coupables sont les *Bien-méritans de l'Eglise* ; c'est tout dire. Qu'importe à Rome qu'ils soient juridiquement déclarés rébelles, traitres, assassins. J'ajouterai que le Commandeur eut à essuyer une infinité de reproches très-picquans au sujet du Roi son Maître. On accusoit ce Prince d'inattention & d'impolitesse, parce qu'il n'avoit pas assez-tôt répondu à la Lettre que le Pape lui avoit écrite sur son avenement au Pontificat. Ces reproches forcerent le Commandeur de se retirer à *Grotta-Ferrata*, où il demeura plus de deux mois, sans aller au Palais du Pape : Et il ne revint que lorsque Sa Cour lui eut envoyé de quoi justifier le silence du Monarque.

Arrive enfin la Lettre écrite de la propre main du Roi ; Lettre remplie de témoignages de soumission, & de respect filial, tels qu'on les devoit attendre de sa piété. Mais par malheur, le courier porteur de la Lettre du Roi, l'étoit en même-tems de la Requête du Procureur fiscal de la Couronne, pour demander un Bref qui donnât au Tribunal Royal de conscience le pouvoir de livrer, en connoissance de cause, au bras séculier les Révérends Ecclésiastiques, tant Séculiers que Réguliers, complices de l'exécrable Regicide, *bien-méritans de l'Eglise*, ou autres sans exception. Ainsi la Lettre ne fut point agréée, ni par conséquent suffisante pour faire tomber les reproches que faisoient chaque jour au Commandeur les Ministres de Rome. Toutes les fois qu'il insistoit pour obtenir le Bref & la réponse à la Requête, les Seigneurs Torregiani & Rezzonico lui répétoient éternellement : *Sa Majesté très-Fidéle a si long-tems différé de répondre au Pape*. On eût dit qu'ils vouloient se revancher à la maniere des petits enfans. (Voyez le Recueil lettre F.) Pour faire connoître l'injustice de cette récrimination puérile, qu'en France on appelleroit une querelle d'Allemand, nous n'avons besoin que de fixer ici les époques. Ce fut à la fin du mois d'Août 1758, qu'on reçut à Lisbonne la Lettre du Pape sur son Exaltation. Tout le Portugal applaudit à cette heureuse nouvelle. Le Peuple & la Cour la célébrérent par des réjouissances qui ne purent être ignorées ni du Ministere de Rome ni de toute l'Italie. M. le Nonce Acciajuoli, (rendons lui justice) aimoit alors le vrai; ses Lettres étoient sincéres & obligeantes pour notre Cour. Il a, depuis, totalement changé de stile par politique, avec plus de docilité que de bonheur. La nuit du 3 Septembre suivant, fut commis l'exécrable attentat sur la personne du Roi, 15 ou 20 jours depuis l'arrivée de la Lettre du S. Pere. Ce tems avoit été employé à travailler aux dépêches qui devoient partir pour Rome, avec la Réponse de Sa Majesté. Lisbonne étant un peu plus éloigné de Rome qu'*Albano* ou *Frescati*, on croyoit pouvoir attendre que ces dépêches fussent achevées pour les joindre à la Lettre du Roi. Les blessures dangéreuses qu'il reçut le mirent hors d'état d'écrire. Comme il vouloit répondre au Pape de sa propre main, il fut contraint de différer jusqu'à sa parfaite guérison. Ajoutons que Sa Majesté très-Fidéle, mortifiée de ce délai forcé, en avoit fait faire des excuses au S. Pere, d'abord par le Nonce, ensuite par son Ministre Plénipotentiaire. Il les avoit chargés en même tems d'assurer Sa Sainteté de son respect & de sa vénération filiale. Une excuse que l'on jugeroit satisfaisante de la part d'une personne privée, pourquoi ne l'est-elle pas de la part d'un Souverain ? C'est qu'elle devoit naturellement être rejettée par un Ministere livré à la Compagnie des *Bien-méritans*. Ils soutenoient effrontément que l'assassinat n'étoit qu'une fable inventée par la malice la plus noire. C'étoit plus qu'il n'en falloit pour rendre suspectes à la Cour de Rome les excuses du Roi & toutes ses protestations de respect. Il étoit juste de croire les Révérends Peres au préjudice du Monarque, & de donner à l'Univers cette nouvelle preuve *de la vénération & du dévouement que les Ministres de Sa Sainteté ont toujours eu & auront toujours pour Sa Majesté très-Fidéle.*

VII. DEMONSTRATION.

Quand on eut reçu le précis du Jugement & de la condamnation des infames assassins du Roi, il est impossible d'exprimer à quel point cette Piéce fut méprisée & sifflée, tant par le Ministere politique de Rome, que par les Illustrissimes & Révérendissimes suppôts & pensionnaires des Jésuites. Je me contenterai de dire ici, que dès qu'il en parut un exemplaire, il y eut ordre de la Sécretairerie d'Etat au Gouverneur de Rome, d'en empêcher l'impression.

Le Ministre du Roi voyant que l'objet de cet ordre étoit de faire passer pour une fiction l'assassinat du Roi, & de tourner en riircule la condamnation des coupables, & les faits contenus dans le Manifeste; comprenant aussi que cet ordre étoit tout à la fois injurieux au Roi son Maître, & deshonnorant pour le S. Siége, voulut, pour réparer le scandale que Rome donnoit à l'Univers, faire imprimer le Précis. Comme il n'en put obtenir la permission du Pere Maître du sacré Palais, il eut recours à l'Eminentissime Secretaire d'Etat, qui la refusa pareillement. Et sur ce que l'Ambassadeur demanda raison de ce refus, on lui répondit que Sa Sainteté n'avoit de compte à rendre à personne : réponse tolérable peut-être vis-à-vis d'un sujet du Pape ; mais très-déplacée à l'égard d'un Ministre faisant au nom de son Roi une demande qui n'a aucun trait au spirituel. Le Cardinal ne se contenta pas d'avoir refusé cette permission; craignant que le Commandeur d'Almada ne s'en plaignît aux autres Ministres Etrangers, comme celui-ci le lui avoit fait entendre par un billet, il fit écrire en son propre nom par le Cardinal Albani au Comte de Riviere, Ministre du Roi de Sardaigne, le billet que l'on trouvera dans le Recueil Lettre G. Le Public, en lisant ce Billet, verra les égards qu'ont toujours eu les Ministres de Sa Sainteté pour un Monarque si dévoué au S. Siége, & l'intérêt qu'ils prennent au sort de ce Prince, lors même qu'il est assassiné dans sa propre Cour. Le prétexte dont ils se servent pour refuser la permission, c'est qu'*il n'est pas juste que le Pape, ne sachant pas comment se sont faites les procédures de Lisbonne, les canonise par son approbation, non plus qu'un Ecrit injurieux à un Corps aussi respectable qu'est la Société.* A la place du Cardinal Torregiani, j'aurois répondu, que les Jésuites ayant eu indulgence plénière de l'assassinat du Roi, on ne pouvoit permettre l'impression d'un Arrêt qui n'étoit pas à leur louange, & qui ne canonisoit point leurs barbares attentats. Jamais on ne tire sur ses propres troupes. C'est une mal-adresse dont ne furent jamais capables les Ministres de Sa Sainteté. Cependant ils *ont toujours eu & auront toujours le respect, la vénération, le dévouement qui sont dûs à Sa Majesté très-Fidéle.*

VIII. DEMONSTRATION.

Indépendamment de ce Billet, Rome étoit instruite des sentimens du Card. Torregiani pour les *Bien-méritans de l'Eglise*. Il disoit franchement dans les conversations : *Quoi ! les Jésuites accusés ! Quoi les Jésuites ! Personne ne veut avoir les cornes dans sa maison. Demandez aux Portugais qui sont les plus jaloux des hommes.* Quelle finesse de langage ! quelle délicatesse d'expressions ! quelle noblesse de sentimens ! A ces traits, qui peut méconnoître un Cardinal, un Prince de l'Eglise, un Ministre de Sa Sainteté ? Admirable vertu de l'or ! il donne jusqu'à l'éloquence. *L'argent fait tout,* disent les François. Vive la riviere de la Plata, * c'est le premier fleuve du monde : il arrose les confins de l'Empire des Jésuites.

Nous grossirions considérablement cet Ecrit, si nous voulions y rapporter les expressions semblables qui sont sorties de la bouche du Cardinal Torregiani. On en donnera le Recueil, lorsque l'Auteur de la Relation aura

* Plata en Espagnol, signifie argent. On appelle ainsi cette Riviere, parce qu'elle est voisine des mines d'argent.

publié le fratras dont il nous menace, & que nous attendons avec bien de l'inquiétude. Cependant ne perdons point de vûe ce que nous avons à prouver, & continuons de faire voir que les *Ministres de Sa Sainteté ont toujours eu & auront toujours le respect, la vénération, le dévouement qui sont dûs à Sa Majesté très-Fidéle.*

IX. DEMONSTRATION.

Quoique toutes les Gazettes d'Europe ayent publié la Lettre du Seigneur Torregiani au Nonce d'Espagne, il ne sera pas hors de propos d'en rapporter ici quelques lignes : » Dés
» envieux & des libertins font une cruelle guerre
» à un Corps respectable de Religieux BIEN-
» MÉRITANS DE L'EGLISE, dont l'Institut a pour
» objet de travailler continuellement à tout ce
» qui peut servir au bien de la Religion & au
» salut des ames. » Tout le monde voit par ces paroles, que le Ministere politique de Rome s'est engagé à démentir tous les Decrets & tous les Edits de Sa Majesté très-Fidéle, qui montroient à l'Univers l'extrême péril où se trouvoient l'Eglise & tous les Etats Catholiques, si l'on ne réduisoit la Compagnie à l'étroite observance de son Institut. Ce démenti donné à Sa Majesté très-Fidéle, le Public l'a lû comme moi dans la Lettre que je viens de citer. Telle est la volonté & l'intention du Ministre, tel est son engagement ; c'est le but de toutes ses démarches. Les Jésuites s'en ventent, eux & tous leurs adhérans ; ils en font une démonstration de leur innocence prétendue. Pourquoi cela ? Pour faire voir que *les Ministres de Sa Sainteté ont tou-*

jours eu & auront toujours le respect, la vénération, & le dévouement qui sont dûs à Sa Majesté très-Fidéle.

X. DEMONSTRATION.

L'Auteur de la Relation répondra peut-être: La Lettre du Cardinal fut écrite très-innocemment, sans aucun rapport direct aux faits arrivés à Lisbonne, & sans le moindre dessein de contredire les Decrets de Sa Majesté très-Fidéle. Le Cardinal profita seulement de l'occasion qui se présentoit pour empêcher que la disgrace des Jésuites Portugais ne nuisit par contre-coup à leurs confreres d'Espagne, qui n'ayant aucune relation avec eux, ne pouvoient avoir trempé dans les délits qu'on leur imputoit.

À cela voici ma réponse. En passant au Relateur ce que je ne puis en conscience lui accorder, je veux que le Cardinal, touché de compassion pour ses bons amis, dont il voyoit l'honneur en danger, ait écrit cette apologie, ou plutôt, ce panégyrique, seulement pour les mettre à couvert de la disgrace. Qu'il me permette de lui demander, s'il n'a des entrailles que pour les Jésuites? Pourquoi n'a-t-il que de l'insensibilité pour le malheur d'un Roi dont il voit la couronne, la vie, la réputation attaquée par une engeance perfide & scélérate? Ne doit-il pas au moins une égale compassion à cet illustre défenseur, à ce zélé protecteur de l'Eglise Catholique Romaine? Bien loin de le plaindre, il tâche, aux dépens de l'honneur de ce grand Prince, d'étayer la réputation chancelante du Corps des Jésuites, sans crainte d'être enseveli lui-même sous les ruines. C'est

apparemment

apparemment qu'il veut manifester à toute l'Europe, que *les Ministres de Sa Sainteté ont toujours eu & auront toujours le respect, la vénération & le dévouement qui sont dûs à Sa Majesté très-Fidéle.*

XI. DEMONSTRATION.

Avant que le Nonce de Lisbonne eût été perverti par son Eminence, & qu'il eût changé de stile dans ses Lettres, il écrivoit au Comte Néri son frere quelques faits publics, qui ne faisoient pas honneur aux Révérends Peres Jésuites. Le Comte Néri communiquoit ses Lettres à quelques-uns de ses intimes amis. Le Cardinal Torregiani, qui méditoit dès-lors le plan qu'il avoit dessein de faire exécuter à Lisbonne par le Nonce, mécontent de ces nouvelles bien opposées à ses vûes, manda tout-à-coup le Comte Néri, lui défendit très-sérieusement & avec menaces, de répandre désormais dans Rome les nouvelles qu'il recevoit du Nonce son frere, lorsqu'elles se trouveroient contraires aux intérêts des Jésuites. Le Comte, pour obéir au Cardinal, & craignant que ce Ministre n'envoyât M. le Nonce *faire des Prêtres à Rimini*, avertit son frere, qu'il couroit risque de se perdre, s'il ne changeoit de ton dans ses Lettres, c'est-à-dire, s'il continuoit d'écrire la vérité quand elle pourroit faire tort aux Jésuites. Je compte assez sur la probité du Comte Néri pour croire qu'il attesteroit ce fait en cas de besoin. Mais si, ce que je n'oserois penser, la complaisance, l'intérêt, la crainte l'obligeoient à le désavouer, j'appellerois en témoignage M. l'Abbé Asdenti, l'un des Sécretaires qui écrivoit

D

les Lettres dont il s'agit. Quand cet Abbé nieroit le fait, je suis en état de faire imprimer quelques morceaux des Lettres originales, qui par un heureux hazard me sont tombées entre les mains, & qui sont raturées & corrigées par le Comte Néri lui-même. Ces Lettres font une petite partie des Piéces que je donnerai au Public, après que notre aimable Relateur aura donné le Manifeste dont il menace de foudroyer le Commandeur d'Almada. Ce n'est pas que j'aye le moindre rapport avec ce Ministre Plénipotentiaire; mais je me ferai un devoir de témoigner authentiquement ma reconnoissance au Relateur pour le plaisir que m'aura causé la lecture de son supplément. Je le conjure de se dépêcher. Ses bien-aimés n'ignorent pas que je ne saurois être à rien faire, sur-tout quand il s'agit d'exalter *le respect, la vénération, le dévouement que les Ministres de Sa Sainteté ont toujours eu & auront toujours pour Sa Majesté très-Fidéle.*

XII. DEMONSTRATION.

La charité compatissante du Cardinal Torregiani pour les Révérendissimes assassins du Roi alla bien plus avant. Non content de traiter plusieurs personnes comme il avoit fait le Comte Néri, il redoubla le nombre des Mouches dans tous les Caffés de Rome, il leur donna les ordres les plus précis d'épier tous ceux qui parleroient mal des Jésuites. Ce fait est notoire à Rome; témoin l'aventure de l'Auditeur de M. le Card. de Conti. Le Gouvernement fit arrêter tout-à-coup cet Auditeur sans avoir prévenu l'Eminence, qui découvrit à la fin que tout le délit du prétendu coupable étoit d'avoir parlé dans un Caffé un peu cavalierement des saints & impéccables Jésuites.

Un pauvre Frere Convers de la Minerve, pour obliger ses amis & ses Protecteurs, qui l'avoient chargé de diverses commissions, cherchoit quelques livres qui paroissoient contre les Révérends Peres *noli me tangere*. Il n'en fallut pas d'avantage au Cardinal Torregiani, pour faire bannir de Rome ce bon Religieux. Mais les livres & libelles diffamatoires que les Jésuites débitoient tous les jours avec la plus grande publicité, contre le Roi de Portugal & contre son digne Ministre, étoient lûs, estimés & respectés jusqu'à l'adoration : il ne leur manquoit plus que d'être mis dans le Catalogue des Livres canoniques.

Que le Relateur ait la bonté de me dire, si de tant d'Ecrits infâmes dont Rome a été inondée, il en est un seul dont la vigilence du Ministere Romain ait arrêté le cours, ou du moins défendu la lecture. Qu'il me dise si de tous ceux qui les débitoient, il en est un seul, je ne dis pas, à qui l'on ait fait quelque menace, mais à qui l'on ait donné le moindre signe d'improbation. Parmi tant de calomniateurs qui déchiroient à Rome Sa Majesté très-Fidéle, qu'il m'en nomme du moins quelqu'un que l'on ait chatié selon ses mérites, ou même à qui l'on ait recommandé d'être plus circonspect. Tout le monde connoît aujourd'hui quel est le déchaînement & la fureur du Corps entier des Jésuites : qui d'entr'eux a été averti, châtié, réprimendé ? A-t-on donné le moindre avis, ne fût-ce que par politique, aux Peres Cordara, Stefanucci,

D ij

Nocetti, Faure, &c. & à d'autres semblables viperes de la même race, que son Eminence connoît ou doit mieux connoître que personne ? A Rome, dans toutes les villes, dans toutes les Cours de l'Europe ; dans les Chaires, dans les Places publiques, dans les Ecoles, dans les conversations, ces hommes pervers déchirent avec le plus grand acharnement l'honneur, la religion, la justice, & la probité du Roi très-Fidéle, la gloire de la Nation *Lusitaine*, & la conduite d'un Ministre dont la sagesse, la fermeté, la droiture secondent les vûes paternelles du Souverain, & font le bonheur des Sujets. Tout ce qui vient des Jésuites est loué, applaudi, canonisé. Tel d'entre eux que l'on connoît pour l'homme du monde le plus maussade, & le plus lourd, se fait écouter comme un oracle. Tout ce qui porte la robe de Jésuite est Evangéliste ou Prophète. Ils sont admis dans les Maisons les plus distinguées de Rome ; ils y tiennent les discours les plus contraires à la charité, à la religion ; ils y diffament, ils y maudissent les Oints du Seigneur, sans égard aux scandales que ces propos donnent aux Maîtres de la maison, à leurs amis, à leurs domestiques.

Que l'on interroge ceux du Cardinal d'York, du Cardinal Jean-François Albani, de M. Altieri, de M. le Duc de Piombino, chez qui se tiennent ordinairement les fréquentes conférences du Seigneur Torregiani avec le Général des Jésuites ; que l'on consulte ceux de plusieurs autres Maisons du même rang : ils avoueront qu'ils sont horriblement scandalisés d'entendre ces Religieux flétrir sans ménagement, sans religion, un pieux Monarque qu'ils ont assassiné, s'emporter avec fureur contre son Gouvernement, ses Ministres & sa Nation. Dans toutes ces Maisons le seul nom de Jésuite fait dresser les cheveux; mais il faut bien les souffrir, de peur de déplaire aux Maitres. O Rome, autrefois le centre des erreurs, & maintenant la Capitale du monde chrétien, la source de la Foi, le sanctuaire de l'Orthodoxie; te voilà donc devenue,.... je frémis de le dire, te voilà devenue le receptable & l'égout des infections abominables des Jésuites! C'est ainsi que ton Ministere temporel marque *le respect, la vénération, le dévouement qu'il a toujours eu & aura toujours pour Sa Majesté très-Fidéle.*

XIII. DEMONSTRATION.

Ce seroit ici le lieu de peindre au naturel les Eminences dont le Cardinal Ministre a fait choix, pour traiter des affaires de Portugal relatives aux Jésuites. Au premier coup d'œil, le Public observeroit que ce Cardinal les a triées pour faire connoître de plus en plus son respect & celui des autres Ministres du Pape pour le Roi très-Fidéle. Autrement, il n'auroit jamais composé cette Congrégation, qui est proprement son ouvrage, des partisans les plus outrés, des esclaves les plus aveugles & les plus rempans de la Compagnie. A la bonne-heure qu'il n'eût pas choisi des personnes attachées à la Couronne de Portugal. Mais pouvoit-il se dispenser de prendre des Juges impartiaux, insensibles à tout autre intérêt qu'à ceux de la justice & de la vérité? Du moins ne devoit-il pas donner la préférence aux ennemis déclarés du Roi, devenus les Echos de la calomnie & de la médifance des Jéfuites. Je fçai qu'il en eft parmi ces Cardinaux qui, loin de mériter ces reproches, fe font eftimer par leur probité, leur fageffe & leur prudence. Confondre ces derniers avec les autres, ce feroit une injuftice dont la feule idée me fait horreur.

Mais comme le portrait de ces Eminences demande du foin & des reflexions, j'aime mieux le remettre au tems où je donnerai une Relation circonftanciée de toutes les preuves verbales de refpect & d'eftime pour le Roi très-Fidéle, qu'à donné le Cardinal Torregiani, foit dans fon domeftique, foit dans les entretiens qu'il a jour & nuit chez la Ducheffe *Carpineto*, chez le Prince de *Piombino*, & chez la Dame Juliette R1cc1. C'eft-là que le Cardinal, plus à fon aife, donne l'effor à fon zèle & à fon dévouement pour le Roi de Portugal; c'eft-là qu'il vérifie de plus en plus la proteftation que fait le Relateur, du *refpect & de la vénération qu'ont toujours eu les Miniftres de Sa Sainteté pour Sa Majefté très-Fidéle.*

XIV. DEMONSTRATION.

Pour donner plus de relief à cette proteftation, l'Auteur ajoute: " En conféquence de
" ces fentimens, dont la vérité eft inconteftable, les Miniftres du S. Pere fe font fait
" & fe feront toujours une loi de refpecter les
" Miniftres qui approchent de plus près le Mo-
" narque. Ils fe garderoient bien d'en parler
" autrement, que comme de perfonnes atta-
" chées à la Majefté Royale, & ils n'oublient
" point qu'on ne peut infulter un Miniftre fans
" faire injure au Souverain. "

Le Relateur pouvoit encore ajouter, que l'on offense nécessairement un Souverain, lorsqu'on déteste sa Nation. Il devoit aussi décider, si l'on peut se faire une loi de respecter le Souverain dans la personne de ses Ministres, & se faire en même tems une loi de haïr la Nation qui lui est fidélement attachée. Ce Problême m'est venu à l'esprit dès que j'ai lû dans la Relation, que l'on s'étoit fait une loi de respecter le Roi de Portugal. Selon mes foibles lumieres, la haine & le mépris pour la Nation me paroissent incompatibles avec le respect & le dévouement pour le Souverain. Un Roi n'est point un Être isolé : il n'est Roi que par son union avec son Peuple. La haine que l'on porte à tous les Membres qui composent le Corps politique, rejaillit essentiellement sur le Chef. Que le Relateur conclue lui-même de ce principe, quel fonds l'on doit faire sur cette sincérité qu'il affiche si hardiment. Prouvons maintenant que les Ministres du Pape se sont fait une loi de détester notre Nation.

M. Sébastien-Marie Correa, né à Rome, mais, comme fils de Portugais, naturalisé en Portugal, sert depuis plusieurs années le S. Siége avec beaucoup de distinction dans le Tribunal de la Signature. Se voyant un des Membres les plus anciens de ce Tribunal, il employa la médiation du Nonce Acciajuoli auprès du Card. Sécretaire d'Etat, pour obtenir que dans une Promotion qui devoit se faire, on eût égard à ses services & à son ancienneté. Le Nonce se fit un plaisir d'écrire en conséquence. Cependant M. Correa, quoiqu'il appartienne de très-près aux familles de Rome les plus considérables, sans autre crime

D iv

que d'être Portugais, non seulement n'eut aucune part à cette Promotion, mais fut exclus de tout autre emploi pour toujours, c'eſt-à-dire, du moins tant que durera le Miniſtere du Card. Torregiani. Son Eminence répondit au Nonce : » M. Correa, votre protégé, ne » ſera point avancé ; on ne fera rien pour lui, » PARCEQU'IL EST PORTUGAIS. » Voilà le premier article de la loi que les Miniſtres du Pape ſe ſont faite & ſe feront toujours, de reſpecter Sa Majeſté très-Fidéle.

Je demande maintenant au Relateur, pour ma propre inſtruction, ſi de ſon côté le Roi très-Fidéle peut faire cette autre loi : » Je ne » veux point que mes Miniſtres, ni aucun » de mes Sujets, ſoient en commerce, ou » traitent d'aucune affaire avec le Card. Tor- » regiani. Je leur défend de le reconnoître » pour Miniſtre du S. Pere : & je leur or- » donne de le regarder comme l'ennemi dé- » claré de ma Perſonne & de toute la Na- » tion Portugaiſe. » Je crois que le plus petit Souverain feroit à l'inſtant cette loi, s'il voyoit ſa Nation traitée avec mépris par un Miniſtre du Pape. Peut-être auſſi qu'il ne la feroit pas, quand il viendroit à ſçavoir que c'eſt en cette maniere, que les Miniſtres de Sa Sainteté prouvent *le reſpect, la vénération & le dévouement qu'ils ont pour les Têtes couronnées.*

XV. DEMONSTRATION.

S'il faut juger du reſpect que le Miniſtere Romain a pour les Têtes couronnées, par ſes égards pour leurs repréſentans, je ſuis tenté de croire, n'en déplaiſe au Relateur, que ce Ministere s'est fait une loi de ne respecter aucun Souverain. Consultons les Ministres Etrangers qui résident maintenant à Rome, ou qui ont résidé dans cette Capitale depuis le Ministere du Cardinal Torregiani. Tous, sans en excepter un seul, seront de mon sentiment. Le Relateur m'accordera sans doute (soit dit sans offenser personne) que l'on ne pouvoit employer un Ministre plus judicieux & plus mesuré, que M. le Duc de Cerisano, Plénipotentiaire du Roi des deux Ciciles : Et cependant quels degoûts & quelles contradictions n'a pas essuyé ce Seigneur de la part de son Eminence ? Il étoit tellement excédé, qu'il passoit plusieurs mois de suite sans aller à l'Audience du Card. : & lorsque son devoir le forçoit enfin de s'y présenter, il s'en plaignoit, comme d'une corvée, à ses amis de confiance. Ils sont encore à Rome en grand nombre ; le Relateur peut leur demander si je dis vrai.

Tous les autres Ambassadeurs ou Ministres lui feront des plaintes semblables, entr'autres M. l'Ambassadeur de Malte, dont le Cardinal a plusieurs fois malignement insulté la personne & le caractere. Je ne parlerai point du Card. Porto-Carrero, de peur qu'on ne me reproche de citer les morts. Néanmoins il est très-certain, que cette Eminence si zélée, & si digne de la Pourpre, n'étoit nullement contente des façons & des manieres du Seigneur Torregiani, sur-tout depuis que ce Sécretaire d'Etat eut fait manquer de parole au Pape, par rapport au Prélat qui devoit remplir la Nonciature d'Espagne. M. le Relateur est au fait de cette cabale. Je puis assurer, foi d'honnête homme, que j'ai entendu répéter au Cardinal Porto-Carrero ces propres paroles : *Je l'ai moi-même dit au Pape : Torregiani est un fort-galant homme ; mais il n'entend rien du tout à traiter avec les Ministres des Rois.*

Lorsque le Cardinal Torregiani, pour piquer M. d'Almada, & pour faire un acte de respect envers Sa Majesté très-Fidéle, s'avisa, sans prévenir ce Plénipotentiaire, comme il le devoit, d'expédier pour Lisbonne le courier mystérieux dont toute l'Europe a sçu l'histoire ; le Cardinal Porto-Carrero, comme il me l'a répété plusieurs fois lui-même, dit au Pape : *D'Almada se plaint avec raison, très-saint Pere : je l'ait dit au Cardinal, le tort est de son côté.*

Si tous les Ministres Etrangers sont traités avec tant d'indécence, lors même qu'il n'est point question des Jésuites, que devoit attendre le Commandeur d'Almada dans une affaire où l'on agit si vivement contre eux ? Ignoroit-il que son Eminence *s'est fait une loi indispensable d'aimer & de révérer,* de respecter, de défendre, de protéger les Révérends Peres Jésuites, aux dépens de la vérité, de la justice, de la raison, des égards & du respect qui sont dûs aux Souverains ? Ne sçavoit-il pas que ce Cardinal, pour l'honneur de sa famille, s'est fait le Don-Guichotte des Jésuites ? Mais ce qui doit paroître plus étrange, & ce qui met le comble à tant d'incongruités & de fausses démarches, c'est qu'*un je ne sçai qui* s'avise de publier une misérable *Relation,* dont l'objet est de faire passer M. d'Almada pour un insensé, pour un homme sans prudence, sans modération, sans politesse, &c. ; & de préconiser le sacré Ministere politique du Pape, comme un modéle de prudence, de sagesse, de complaisance, d'affabilité, &c. &c. &c. si cette Piéce eût été destinée pour les terres Australes, on pourroit excuser l'Auteur. Mais quand je vois qu'il la distribue en Italie, dans Rome même, je le prends pour un homme qui tombe des nues, ou pour un esclave sorti de l'Ecole des Jésuites, qui voulant barbouiller du papier, ne sçait y répandre que des mensonges & des calomnies, sans crainte de Dieu ni des hommes : le tout, pour faire croire aux sots, que *les Ministres de Sa Sainteté ont toujours eu & auront toujours ; &c. sachant bien que l'on ne peut insulter un Ministre sans faire injure au Souverain.*

Il est tems de reprendre la suite de nos Observations. D'après ce que nous venons de dire, les Ministres sages & éclairés des autres Souverains examineront si les insultes faites aux Ministres du Roi de Portugal, retombent sur la personne de Sa Majesté. Ecoutons le Relateur, qui s'enhardit, hausse le ton de plus en plus.

Relation.

» On décidera si un Ministre étranger peut
» déclarer qu'il ne veut pas traiter avec le
» premier Ministre du Prince auquel il est en-
» voyé. On sçait par l'histoire, & celle de
» Portugal en fournit des exemples assez ré-
» cens, qu'une Cour qui n'est pas contente
» du Ministre qu'on lui envoye, demande &
» obtient son rappel. Le Commandeur d'Al-
» mada auroit bien mérité qu'on en usât ainsi
» à son égard.

XXIII. OBSERVATION.

La queſtion que l'on propoſe aux Miniſtres Etrangers qui ſont à Rome, ne paroît pas fort embarraſſante. Rome elle-même l'a déja décidée ; puiſque ſans la participation du Sécretaire d'Etat, le Commandeur a négocié les affaires de ſa Cour avec un autre Cardinal. C'eſt de quoi peut rendre témoignage l'Eminentiſſime Cavalchini.

Pendant le Miniſtere du feu Cardinal Archinto, ni le Commandeur d'Almada, ni pas un des autres Miniſtres Etrangers, n'ont jamais eu avec lui de conteſtation qui ſoit allée juſqu'à l'aigreur. Aujourd'hui, tout eſt bien changé. D'où vient ce changement ? Eſt-ce de la différence des perſonnes, ou de la diverſité de leurs caracteres ? Cet examen pourroit être curieux.

Si, de l'aveu du Relateur, tout Souverain a le droit de demander le rappel d'un Miniſtre qui ne lui eſt pas agréable, Sa Majeſté très-Fidéle uſoit donc de ſon droit, en priant le Pape de le délivrer du Nonce Acciajuoli. Mais ſi ce Nonce avoit tenu tête à l'autorité Souveraine, s'il avoit abuſé de la patience du Roi, s'il avoit eu l'audace de lui manquer de reſpect ; de qui les Miniſtres Romains ſe plaignent-ils ? Voudroit-on prendre à partie le Miniſtere de Lisbonne ? Falloit-il que pour ménager le Nonce, M. d'Almada n'exécutât point les ordres de ſa Cour ? Je m'en rapporte à ſon Eminence ; mais je crois que le Relateur a grand tort.

Pourquoi donc refuſer à Sa Majeſté très-Fidéle ce qu'Elle avoit demandé par ſon Ministre, & ce qu'Elle demandoit depuis, par l'Eminentissime Corsini? Elle faisoit représenter au S. Pere, que le Nonce étoit vû de mauvais œil à sa Cour, qu'il étoit devenu totalement incapable d'entretenir l'harmonie & la bonne intelligence que le Roi vouloit conserver avec le S. Siége. Entr'autres motifs qui rendoient indispensable le rappel du Nonce, on alléguoit les faussetés dont il remplissoit toutes ses Lettres, jusqu'à trahir son propre Ministere. C'étoit un fait dont Sa Sainteté pouvoit s'assurer par Elle-même. Elle n'avoit qu'à confronter les Lettres de ce Nonce au Cardinal Archinto, avec celles qu'il avoit écrites depuis au Cardinal Torregiani. Le Pape auroit trouvé dans les premieres la vérité toute nue; & dans les secondes, outre la contradiction, une infinité d'impostures & de calomnies.

M. Acciajuoli, je le repéte, avoit écrit à Rome la vérité jusqu'au mois de Septembre 1759. J'en ai la preuve dans quelques Lettres qu'il adressoit à un Ministre Etranger, & dont on verra des morceaux dans le Recueil des Piéces sous la lettre H. Mais il ne put résister aux menaces du Card. Torregiani. La crainte de la résidence en fit un nouvel homme. La métamorphose fut si sensible qu'elle auroit dû frapper le Pape.

Le Commandeur d'Almada remarquoit, que les représentations du Cardinal Corsini, non plus que les siennes, quoiqu'elles fussent appuyées sur des preuves demonstratives, ne détrompoient point le Pape, & ne faisoient qu'aigrir de plus en plus le Cardinal Torregiani, qui se voyoit dans un moment critique où ses cabales couroient risque d'être découvertes, & où les yeux du Pape pouvoient être enfin dessillés.

D'un autre côté, ce Commandeur souhaitoit d'exécuter les ordres précis de son Souverain qui vouloit, à quelque prix que ce fût, être délivré du Nonce par le Pape même, sans être contraint d'employer la toute-puissance Royale. Il pria donc les Cardinaux Corsini & Cavalchini d'engager le Pape à retirer le Nonce, & à faire l'examen déja proposé des Lettres du Cardinal Torregiani & de M. Acciajuoli. Toutesfois comme il connoissoit la repugnance qu'avoit Sa Sainteté pour cet examen, peut-être parce qu'Elle craignoit que le résultat ne fût pas favorable à la bonne opinion qu'Elle avoit conçue de cette Eminence; il prit un autre parti. Ce fut de solliciter une nouvelle liste de Sujets pour la Nonciature de Lisbonne, sachant que la première n'avoit pas été aggréée de Sa Majesté T. F. En effet, cette liste avoit été dictée par les Jésuites, contre qui tout le Portugal étoit soulevé.

Le Commandeur se flattoit aussi que cette voye étoit la plus sûre pour obtenir le rappel d'un Nonce qui de jour en jour se rendoit plus insupportable au Roi T. F. Il s'en flattoit d'autant plus, que le Pape & ses Ministres témoignoient de l'impatience & même de l'humeur, de ce que la Cour de Lisbonne ne s'étoit pas encore expliquée sur la liste qu'elle avoit reçue depuis si long-tems. Ce silence faisoit assez entendre que la liste n'avoit pas été goutée. Les choses en étoient-là, lorsque le Commandeur, quoiqu'il eût ordre de ne plus traiter avec le Cardinal Torregiani, prit sur lui d'écrire à cette Eminence le Billet que l'on trouvera sous la lettre I. Le Cardinal répondit par le Billet cotté L. qui donna au Commandeur tout lieu de croire qu'il avoit obtenu ce que souhaitoit le

Roi son Maître. Pouvoit-il en juger autrement lorsqu'il lut ces paroles : « Sa Sainteté a considéré que la réponse de votre Cour s'étant fait si long-tems attendre, il avoit fallu destiner à d'autres emplois les trois Sujets proposés, & que par conséquent il conviendra d'en proposer de nouveaux. »

Cette promesse d'une nouvelle liste est demeurée sans effet. L'empressement seul du Commandeur auroit suffi pour en empêcher l'exécution : mais on avoit des raisons plus essentielles de manquer de parole. M. d'Almada le comprit, & n'insista plus. La nomination d'un autre Nonce, quelque nécessaire qu'elle fût, déplaisoit au Cardinal Torregiani. Elle traversoit les desseins des Jésuites ses confédérés, qui vouloient à toute force conserver en place l'Eminentissime Acciajuoli, comme l'instrument le plus propre à seconder le Cardinal Torregiani & leurs Révérences. Le Sécrétaire d'Etat voyoit d'ailleurs que le parti qu'il avoit à Rome seroit en danger, si l'on rappelloit le Nonce, & qu'alors on pourroit évanter la nouvelle conjuration que tramoient de concert les Jésuites avec les deux Eminences. Le Cardinal ne pouvoit non plus se dissimuler que le Roi n'accepteroit jamais un nouveau Nonce qui fût du parti de son Eminence, qui adoptât les maximes des Jésuites, ou qui leur fût redevable de son éducation. L'Eminence devoit donc aumoins appréhender que tout Successeur d'Acciajuoli ne détruisît ses cabales, & ne ruinât l'affaire importante qu'elle même & les Jésuites avoient mise en si bon train. Voilà les vrais motifs qui empêcherent de proposer d'autres sujets pour la Nonciature de Lisbonne.

Après ces éclaircissemens, le Relateur, &

le Cardinal Torregiani me permettront de leur demander ce que signifient ces conventicules que le Général & d'autres Jésuites tiennent chez son Eminence, & plus fréquemment encore à la Villa-Ludovisi, à la Certosa, & dans le Palais du Prince de Piombino. Je m'en tiendrai à la réponse du Relateur & du Public, qui sçavent parfaitement avec quelle chaleur le Cardinal soutient les Jésuites. Fiers d'une protection si puissante, on les voit tout le jour roder dans Rome avec l'air avantageux & insolent de Soldats indisciplinés qui viendroient de gagner une bataille.

La prévention du Ministére politique de Rome est si aveugle, qu'il ajoutera plutôt foi à la simple parole du dernier Frere Lay de la Compagnie, qu'au Jugement le plus solemnel rendu sur la procédure la plus reguliere. C'est ainsi que la simple négative des Jésuites trouve plus de croyance que le célébre Jugement prononcé contre les cruels assassins du Roi T. F. & que le Decret de l'Eminentissime Cardinal Saldanha, Délegué du Saint Siége Apostolique. Ne croiroit-on pas se trouver dans le siécle des Arriens, qui portant des coups mortels à l'Eglise & à la Foi, passoient néanmoins pour de saints personnages & pour les colomnes de l'Orthodoxie ? C'est ainsi que sont regardés les Jésuites ; par les les sots, il est vrai : mais le nombre des sots est infini. Le Cardinal Torregiani pouvoit-il donc se connoître assez peu lui-même, pour ne pas s'attendre que Sa Majesté Très-Fidéle ne souffriroit plus que son Plénipotentiaire traitât avec lui ? Pourquoi s'en prend-il au Commandeur d'Almada ? Pour qui notre Auteur a-t-il composé sa Relation ? C'est apparemment pour la Soldatefque de l'Empire des Solipfes.

Relation.

« Mais qu'un Miniftre étranger ait l'affurance
» de refufer tout commerce d'affaires avec le
» principal Miniftre du Souverain auquel il a
» été envoyé, c'eft une conduite dont il n'eft
» pas aifé de trouver des exemples. »

XXIV. OBSERVATION.

Rien de plus facile que de trouver de ces exemples, lorfqu'on eft un peu plus verfé dans la lecture, que l'ignorantiffime Auteur de la Relation. Sans remonter à des fiécles reculés, nous avons vû le Cardinal Alberoni, chaffé non-feulement du Miniftére, mais de tous les Etats de la Domination Efpagnole, à la réquifition de plufieurs Miniftres Etrangers. Demander le banniffement d'un principal Miniftre, c'eft bien plus que de ne vouloir pas traiter avec lui. Notre Relateur ignore donc jufqu'à l'hiftoire de fon tems.

Autre bêvue. Il croit bonnement, qu'à Rome il y a un Miniftre principal, un premier Miniftre, comme il y en a quelquefois dans les autres Cours; & que ce Miniftre eft le Cardinal Sécrétaire d'Etat. Je pourrois dire d'après Wichfort. [lib. 2. fect. 2.] qui le prouve par plufieurs exemples, que le Sécrétaire d'Etat n'eft qu'un Miniftre fubalterne. Mais je dirai feulement qu'il n'eft point premier Miniftre dans le fens que les autres Cours donnent à ce mot. Il a fon département comme les autres Miniftres; ils font fes égaux.

Rélation.

« Reprenons cependant le fil de la narration
» & la suite de l'exposition des faits. Il est né-
» cessaire de considérer que, si l'Audience pro-
» mise au Commandeur d'Almada n'avoit pas
» été suspendue, ce Ministre auroit eu l'audace
» de remettre à Sa Sainteté même les Ecrits
» dont on vient de parler, & qu'ainsi la Majes-
» té Pontificale auroit reçu une insulte publique
» & personnelle. »

XXV. OBSERVATION.

Le Relateur s'échauffe de plus en plus
sans raison. Il assure que le Commandeur auroit
eu la hardiesse de remettre au Pape les Ecrits
qu'il envoya depuis aux Ministres Etrangers.
Comment sçait-il que ce Ministre les auroit remis au Pape ? C'étoit un futur contingent qu'il
ne peut deviner que par la science moyenne.
En tout cas, ces Ecrits étoient-ils l'ouvrage de
M. d'Almada ? Non. Il les avoit reçus de Lisbonne par un exprès. Le mal pressoit. Quand
on est dangereusement malade, on demande
du secours. Un Medecin charitable ne refuse
personne. Le Saint Pere doit se prêter aux be-
soins de quiconque le réclame ; il doit imiter
l'exemple de celui qui nous a dit : *Demandez,
& vous recevrez ; cherchez, & vous trouverez ;
frappez, & on vous ouvrira.*

Quant à ce qu'on ajoute, que c'est une insulte à la Majesté Pontificale, de présenter au
Pape des Ecrits qui contiennent des plaintes
contre ses Ministres, le Relateur aura peine à
soutenir cette maxime ; puisqu'elle est contrai-

re à ce qui se pratique tous les jours par les derniers Sujets du Pape. Il ne se passe aucune semaine que Sa Sainteté ne reçoive de semblables Mémoires. Le Cardinal Acciajuoli lui-même ignoroit sans doute cette prétendue maxime. Un Bref est de plus grande conséquence qu'un Mémoire : & cependant ce Cardinal fit tous ses efforts pour présenter le Bref du Pape à Sa Majesté Très-Fidéle, quoiqu'il sçût par le Sécrétaire d'Etat, qu'Elle ne vouloit point le recevoir. Ainsi ce reproche d'*audace* que le Relateur fait si gratuitement à un Ministre public est tout-à-fait déplacé ; à moins que l'on ait dessein d'insulter le Roi de Portugal. Mais comment le croire, tandis que le Relateur nous assure que *l'on ne peut insulter un Ministre en ce qui concerne le Ministére, sans faire injure au Souverain*.

Rélation.

« La teneur de ces Ecrits combinés avec le
» silence rigoureux que le Commandeur avoit
» tenu, soit avec les Ministres du Pape, soit
» avec ses propres confidens, fait voir que ces
» papiers avoient été préparés dans la seule vue
» d'outrager de cette maniere un Prince qui
» réunit en sa personne la *Souveraineté de l'E-*
» *glise & du Monde* *. On voit par là quelle
» auroit été la grandeur de l'injure & le juste
» ressentiment qu'on auroit dû en avoir. »

XXVI. OBSERVATION.

Le Relateur, insiste de nouveau sur un silen-

---

* Che reunisse in se la Sovranità della Chiesa e del Secolo.

ce qui, selon lui, couvroit de grands mystéres. Répétons-lui donc, & qu'il se le tienne pour dit, que le secret est la partie la plus nécessaire dans un Ministre.

Cette tirade qui vient assez mal à propos, est toute remplie de venin. C'est une nouvelle insulte faite au Commandeur, & par conséquent au Roi son Maître, en vertu du principe adopté par le Relateur lui-même, que l'on ne peut outrager un Ministre, en ce qui concerne le Ministére, sans faire injure au Souverain. De quel droit s'érige-t-il en scrutateur des cœurs? Est-il permis de juger des pensées & des intentions secrétes, si l'Eglise même, quoique dirigée par l'Esprit saint, ne possède ni ne s'attribue ce privilége? Accuser le Commandeur d'Almada, comme fait ce téméraire Ecrivain, d'avoir eu l'intention d'outrager le Pape, Souverain de l'Eglise & *du monde*, c'est en accuser S. M. T. F.

Au reste, cette double Souveraineté demande quelques reflexions. Personne n'ignore que la Souveraineté de l'Eglise n'appartient qu'à Jesus-Christ, & nullement au Pape, qui n'est que le premier de ses Vicaires. Le Pape est Souverain dans le monde, & non pas le Souverain du monde, puisque d'autres Princes en partagent avec lui la Souveraineté. Bellarmin lui-même, l'oracle du Relateur, convient * que *le Pape n'est Souverain, ni du monde entier ni du monde chrétien, & qu'il n'a de droit divin, aucune Jurisdiction temporelle directe*. Cette Souveraineté universelle est un rêve du Jésuite Vieira, qui eut le courage de le débiter dans son livre fameux *du siécle futur*, qu'il appelloit *la cinquiéme Monarchie*. Encore n'attribuoit-il

* De potest. S. Pont. Lib. 5.

pas cette Souveraineté temporelle au Pape, mais à J. C.

Quant à la Souveraineté spirituelle, Saint Paul nous apprend que le *Saint Esprit a établi les Evêques pour gouverner l'Eglise de Dieu*. L'Apôtre parle de tous & non pas d'un seul. Sa Doctrine est parfaitement expliquée par Saint Grégoire le Grand, dans une Lettre à l'Evêque d'Alexandrie, qui vouloit lui donner le titre d'Evêque universel, c'est-à-dire, d'unique Souverain de l'Eglise : « Votre Béatitude, » lui dit ce grand Pape, a pris soin de m'aver- » tir, qu'en écrivant à certaines personnes, » elle ne leur donne plus ces titres fastueux » que la vanité seule avoit enfantés : & cela, » dites-vous, en exécution de mes ordres. Je » vous conjure d'épargner à mes oreilles ce mot » d'ordres. Je sçai qui je suis, & qui vous êtes. » Vous êtes mes freres par votre place, & mes » Peres par votre vertu. Je ne vous ai rien or- » donné. Je vous ai seulement représenté ce qui » m'a semblé utile. Encore ne l'avez-vous pas » exactement observé. Car j'avois dit que vous » ne deviez donner ce titre ni à moi ni à aucun » autre : & cependant, à la tête de la Lettre » que vous m'adressez, vous me donnez ce titre » superbe d'*Evêque universel*. Je prie votre Sain- » teté de vouloir bien n'en plus user de la sorte. » Ce que l'on donne injustement à un seul, on » le dérobe aux autres. Je voudrois me distin- » guer par la vertu, non par de vains titres ; » & je ne tiens point à honneur ce qui desho- » nore mes freres. Ma véritable gloire consiste » à leur conserver les droits qui leur appartien- » nent. Je ne me tiens honoré que lorsqu'on » rend à chacun l'honneur qui lui est dû. Si vo- » tre Sainteté m'appelle l'*Evêque universel*, elle

» déclare qu'il ne lui reste plus rien de cet Epis-
» copat que je possede exclusivement. Suppri-
» mons les mots qui enflent la vérité & blessent
» la charité. Le Concile de Calcedoine, & les
» Peres qui ont vêcu depuis, ont offert ce titre
» à mes Prédécesseurs, votre Sainteté ne l'igno-
» re pas : mais aucun d'eux ne l'a voulu pren-
» dre, craignant de se dégrader aux yeux de
» Dieu, s'ils ne maintenoient aux yeux des
» hommes l'honneur de leur freres *.

Tout Evêque est donc Vicaire de Jesus-Christ. Le Pape, nous en convenons, est le seul qui soit tout-à-la fois & Vicaire de Jesus-Christ & le Successeur de Saint Pierre. Ce dernier titre fut le distinctif le plus glorieux des anciens Evêques de Rome. Jamais ils ne prirent celui de *Souverain du monde*, dont l'invention étoit reservée à la flatterie du Relateur. Non, le Pape, Lieutenant d'un Souverain crucifié, & qui sur la croix jetta les fondemens de son Empire, n'est point & ne fut jamais le Souverain du monde. Ecoutons Jesus-Christ lui-même. Il ne dit point : Attachez-vous à moi, parce que je suis Prince, parce que je suis Souverain. Mais : *Venez à mon école*, parce que je suis

---

* Epist. 30 ad Eulog. Ep. Alex. lib. 7. indict. 1. Ce Saint Pape établit les mêmes maximes en plusieurs autres endroits de ses ouvrages, principalement dans ceux-ci : Lib. 4. Ep. 32. ad Maur. Imper. Epist. 34. ad Constantinam Imper. Epist. 36. ad Eulog. Alex. & Anastasiam Antioch. Epist 38. ad Jo. Const. Lib. 6. Epist. 3. ad Cyriac. Constantinop. Ep. 24. ad Anast. Antioch. Ep. 28. ad Cyriac. Constantinop. Ep. 30. ad Maur. Imper. Ep. 31. ad Eulog. Alex. & Anast. Antioch. Lib. 7. Ep. 70. ad Euseb. Tesalon. & alios Episc. Lib. 11. Ep. 47. ad Cyriac. Constantinop.

doux & humble de cœur. Et dans un autre endroit : *Mon Royaume n'est pas de ce monde.*

Rendons néanmoins justice au Relateur. Je présume que son Secrétaire aura omis quelque mot qui expliquoit cette Souveraineté du siécle. On sçait à qui l'Ecriture donne le nom de *Prince du monde* : & dans le langage ordinaire, on ne passera jamais ce titre au Pape sans de grandes restrictions.

Rélation.

« L'observation qu'on vient de faire n'em-
» pêcha pas Sa Sainteté de donner encore
» une preuve éclatante de cette modération
» héroïque qui a toujours fait son caractere,
» même avant qu'il montât sur le Saint Sié-
» ge. Quoiqu'elle fût informée de la distribu-
» tion des papiers tout-à-fait étranges du
» Ministre de Portugal, & de ce qu'ils con-
» tenoient ; quoiqu'Elle n'ignorât point que
» son Nonce avoit été chassé indécemment
» de Lisbonne : Cependant le Jeudi matin,
» après la Congrégation du S. Office, Elle
» ne laissa pas de donner Audience, comme
» à l'ordinaire, au Cardinal Neri-Corsini Pro-
» tecteur de la Couronne de Portugal. Elle
» s'entretint avec lui des affaires présentes ;
» Elle apprit de cette Eminence (qui protesta
» néanmoins n'avoir point encore vû les Ecrits
» répandus dans Rome) que le Commandeur
» d'Almada avoit formé diverses prétentions,
» notamment celle d'obtenir du S. Pere, qu'il
» nommât un autre sujet que son principal &
» ordinaire Ministre, pour traiter des affaires
» de Portugal.

» Sa Sainteté justement émue d'une propo-

» sition si singuliere, la rejetta avec force; &
» comme il lui fut aisé de comprendre, que
» désormais on ne pourroit discuter tranquil-
» lement ces matieres avec le Commandeur
» d'Almada, Elle déclara qu'à l'avenir Elle ne
» vouloit plus en traiter avec d'autres qu'avec
» son Eminence. Le Cardinal prit occasion de
» ce mot pour présenter au S. Pere la Lettre de
» Sa Majesté très-Fidéle, laquelle étoit desti-
» née à notifier le mariage des Sérénissimes
» Infants. On doit observer que jamais le Com-
» mandeur d'Almada n'avoit fait la moindre
» mention de cette Lettre, quoiqu'il eût mul-
» tiplié ses instances, soit de vive voix, soit
» par écrit, auprès du Prélat, Grand-Maître
» de Chambre de Sa Sainteté, pour être ad-
» mis à l'Audience du Pape. Sa Sainteté reçut
» gracieusement la Lettre; & dès le lendemain
» Elle fit dresser la réponse, pour montrer
» l'intérêt très-vif qu'Elle prenoit à cet événe-
» ment, & la joie très-sincere qu'Elle ressen-
» toit d'une alliance qui faisoit la consolation
» de toute la Famille Royale.

XXVII. OBSERVATION.

On affecte ici de remonter jusqu'à l'expulsion du Nonce, que l'on appelle *indécente*,
comme s'il eût mérité d'être reconduit en
grande cérémonie. Tout ce récit est plein d'ar-
tifice; on s'y prépare adroitement à nier l'exclusion formelle des affaires de Portugal, que
le Pape, parlant au Cardinal Corsini, avoit
donnée au Cardinal Torregiani son Sécretaire
d'Etat : Exclusion en conséquence de laquelle
le Card. Corsini, comme Ministre nommé
pour conférer avec le Commandeur d'Almada,

remit

remit à Sa Sainteté la Lettre du Roi, qui lui faisoit part du mariage de la Princesse du Brésil. Pour confondre le Relateur, il suffit de jetter les yeux sur le Mémoire ou Manifeste du Card. Corsini. On le trouvera dans le Recueil sous la lettre M. Notre Auteur est encore démenti par deux Billets que le même Cardinal, avant que de publier son Mémoire, avoit adressés au Commandeur d'Almada. Le premier de ces billets fut écrit dans l'anti-chambre du Pape, aussi-tôt après que Sa Sainteté eut donné l'exclusion au Cardin. Torregiani. (Voyez le Recueil lettre N.) L'autre est daté du palais de son Eminence. (*Ibid.* lettre O.) Achevons de donner au Relateur une réponse aussi complette qu'il la mérite. » Sa Sainteté, » dit-il, justement émue d'une proposition si » singuliere, la rejetta avec force. » Pour le convaincre d'imposture, il suffit de rappeller ce qu'il dissimule, & ce que certainement il n'ignore pas.

A qui persuadera-t-il, qu'ayant dessein de publier une Relation dont l'exactitude fût au-dessus de toute critique, il y ait avancé un fait de cette importance sans l'avoir approfondi ? Il sçait donc la vérité : par conséquent il la dissimule ; que dis-je ! il la nie contre sa propre conscience : & par une ruse pleine de malice, il veut faire accroire au Puplic, que le Commandeur d'Almada, de son chef, & sans ordre de sa Cour, a eu l'audace de demander au Pape une chose jusqu'alors sans exemple, c'est-à-dire que Sa Sainteté donnât l'exclusion à son premier Ministre d'Etat. Je suis mortifié de démentir notre sincere Relateur : mais comme le Card. Corsini l'a déja décredité par le Mémoire (rapporté dans le

E

Recueil sous la lettre M.) je ne puis me dispenser, malgré toute ma répugnance, de démontrer par de nouvelles preuves, que le fait en question n'est ni vrai ni vraisemblable: le tout sans préjudice de mon estime pour le Relateur, que je regarderai comme un galant homme, quelqu'effort qu'il fasse pour indisposer le public contre le Commandeur d'Almada. Outre les deux billets du Cardinal Corsini, dont nous venons de faire mention, on trouvera dans le Recueil des Piéces sous la lettre P. la réponse que le Commandeur fit sur le champ à cette Eminence. Il suffit de lire cette réponse pour apprécier le pompeux étalage de sincérité que fait le Relateur, lorsqu'il inculpe le Commandeur d'Almada pour travailler à *sa propre* justification.

D'ailleurs, est-il croyable que le Commandeur eût voulu courir le risque de mécontenter sa Cour, en prenant sur lui d'acquiescer, par la publication d'un second Edit, à la surséance d'une rupture si formelle, si juste, si authentiquement déclarée, s'il n'eût été très-assuré que le S. Pere, par amour de la paix, avoit eu la condescendance d'exclure le Card. Torregiani dans les termes les plus clairs & les plus précis?

Si le Pape avoit rejetté la priere que lui faisoit le Cardinal Corsini, d'exclure le Sécretaire d'Etat, & de nommer un autre Ministre pour conférer avec le Commandeur; si le Pape eût rebutté cette proposition avec ce dédain & cette fermeté que vante le Relateur: conçoit-on que le Cardinal Corsini eût insisté par un second billet pour obtenir du Commandeur la suspension de la rupture?

Il est vrai que le Pape fut très-ému (& plus

encore que ne le dit le Relateur.) Le Cardinal Corsini prioit Sa Sainteté de nommer le Cardinal Cavalchini ou quelqu'autre Cardinal du Palais, avec qui le Ministre de Portugal pût traiter, comme l'on avoit fait lorsqu'il s'étoit agi de minuter le Bref de Commission. Le Pape troublé & comme hors de lui-même, prit le change sur la demande, & au lieu de nommer le Cardinal Corsini pour traiter comme Ministre de Rome, il le créa Ministre du Roi de Portugal, s'il en faut croire la Relation. Voilà ce qui eût été s'arroger une autorité véritablement inouie, & dont les personnes même les mieux instruites de ces matieres ne sçauroient trouver d'exemple. Ce récit est un paradoxe si bizarre, qu'il porte avec lui la preuve de sa fausseté.

Mais pourquoi le Pape eût-il été si ému de la demande du Card. Corsini? Elle ne devoit lui paroître ni singuliere ni nouvelle. Dès le mois d'Octobre, dans l'Audience que Sa Sainteté donna, à Castel-Gandolfe, au Commandeur d'Almada, ce Ministre, au nom du Roi de Portugal son Seigneur, lui demanda en forme, d'exclure le Cardinal Torregiani des affaires de Portugal, & le pria de nommer un autre Ministre avec lequel il pût traiter. Le Cardinal Corsini réitéra la même demande dans plusieurs Audiences, exposant à Sa Sainteté les raisons décisives qui avoient obligé Sa Majesté très-Fidéle d'interdire à son Ministre Plénipotentiaire tout commerce avec le Cardinal Torregiani. Il est vrai que le Pape ne se rendit pas d'abord à cette demande, quelque nécessaire & quelque pressante qu'elle fût : mais ce n'étoit point qu'il la trouvât étrange & inouie. Seulement il lui *sembloit dur*, ainsi qu'il s'en expliqua au cardinal Corſini, de nommer un autre Miniſtre pour traiter avec le Commandeur, *à l'exclusion du Secretaire d'Etat*. Le cardinal Corſini, au ſortir de l'Audience, communiqua cette objection au Commandeur, avec les autres qui ſont rapportées dans le Recueil ſous la lettre Q. Le Commandeur, après avoir refléchi ſur ces difficultés, y répondit par ſon Billet en date du 21 Novembre, adreſſé au cardinal corſini. (Voyez le Recueil lettre R.)

Cette Eminence fit part de ce Billet au S. Pere, avant ou après la congrégation du S. Office qui ſe tint le Jeudi ſuivant, & lui remit le précis du Mémoire que le commandeur devoit préſenter à Sa Sainteté par ordre du Roi très-Fidéle. Tout cela prouve que cette excluſion tant de fois demandée n'eſt ni nouvelle ni étrange, malgré toutes les chicanes du Relateur.

Il eſt à propos de juſtifier ici la conduite du commandeur, en expoſant quelques faits. M. d'Almada croyoit que les raiſons alléguées dans ſon Billet (lettre R) au cardinal corſini, & dans le précis de ſon mémoire (lettre S) auroient fait ſur l'eſprit de Sa Sainteté l'impreſſion qu'il en devoit eſpérer. Il ſe flattoit que le card. Torregiani, par économie & par prudence, auroit lui-même engagé le pape à nommer un autre miniſtre pour traiter avec le commandeur. Mais ſon eſpérance fut bien trompée. Lorſqu'il s'y attend le moins, il eſt honoré, pour toute réponſe, d'un Billet que lui écrivoit d'Office le Seigneur Torregiani, dans lequel cette Eminence lui marquoit que par ordre exprès du pape, elle joignoit à ce Billet la réponſe au mémoire que le commandeur avoit préſenté dès le 9 Novembre à ſa Sainteté.

Cette réponse qui n'est en substance qu'une récrimination assez plate au sujet des plaintes contenues dans le Mémoire du commandeur, se trouvera dans le Recueil (lettre T.) On a crû devoir la donner au public pour relever la réplique judicieuse & modérée que lui fit le commandeur (Voyez la lettre V.) Ces deux piéces rapprochées démontrent précisément le contraire de ce qu'assure le Relateur avec tant d'effronterie, touchant la conduite irréguliere qu'il prête à M. d'Almada. Nous avons déja parlé suffisamment de la sagesse de ce Ministre ; & peut-être en dirons-nous encore quelque chose.

L'Auteur finit cet article en nous apprenant » la joie très-sincere que le pape ressentit d'une » Alliance qui faisoit la consolation de toute » la famille Royale. » Je crois volontiers à la joie du pape : mais j'ai peu de foi à celle de ses Ministres. Apparemment qu'elle ne fut pas plus sincére, que la douleur qu'ils avoient eue de l'assassinat du Roi. On remarqua très-bien dans le tems, que s'ils ne firent pas éclater leur satisfaction, ils montrerent une indifférence fort éloignée de la pitié. Que dis-je ? Ils reçurent cette affreuse nouvelle comme ils auroient fait un conte, avec un air ricaneur & insultant pour le Roi & pour toute la Nation. Témoin ces paroles du cardinal Torregiani au commandeur d'Almada, déja rapportées : *Monsieur, ce sont les péchés de ce Royaume* : paroles qui ne dévoilent que trop les véritables sentimens du Ministere. Je pourrois ajouter ici la téméraire & sacrilége épithète de *tyran*, dont le cardinal Cavalchini décora le Roi très-Fidéle, en parlant au Sécretaire de M. d'Almada. Cette Eminence déclamant d'une maniere tragique sur l'expulsion

E iij

du Nonce, dit: *Le Nonce a mal fait d'obéir à l'ordre du Roi. Il devoit dire: avant que je parte, il faut que le Roi & ses ministres avouent qu'ils n'ont point de religion, qu'ils sont hérétiques,* &c. *L'Eglise s'est toujours soutenue en dépit & à la honte des* TYRANS. Si je rapportois en entier l'infâme discours que tint alors cette Eminence aveugle & vendue, je craindrois de fatiguer le Lecteur: reservons le reste pour un autre Ouvrage.

La maniere franche & décidée avec laquelle le MINISTERE politique de ROME s'est déclaré le fauteur & le protecteur des assassins du Roi, prouve jusqu'à l'évidence que la joie prétendue au sujet du mariage, est un pur compliment qui ne signifie rien. Cette seule démarche du MINISTERE Romain en faveur des Jésuites, devroit confondre le Relateur & le rendre muet. Cependant il ne veut pas se taire; & toujours de mauvaise humeur, il continue de dire des injures à M. d'Almada, sachant bien que *l'on ne peut insulter le ministre, sans insulter le souverain.*

Relation.

» Cependant on vit paroître une affiche à
» la porte de l'Hôpital de l'Eglise nationale
» de S. Antoine; lieu intérieur par rapport
» à la disposition du bâtiment, mais assez pu-
» blic, & fréquenté par toutes sortes de per-
» sonnes. cette affiche en forme d'avis avoit
» été placée le mercredi. On en trouve la
» copie ci-après; & il suffit de la lire pour
» en concevoir de l'indignation. (*Voyez le Re-*
» *cueil lettre* X.) Dès le jeudi après-midi, en
» conséquence de l'ordre qu'annonçoit le pla-

» card., il y. eut chez le commandeur d'Al-
» mada une aſſemblée de pluſieurs centaines de
» Portugais * : ce qui, depuis la rupture bien
» certaine & bien connue, avoit tout l'air d'u-
» ne ſédition. Le S. Pere toléra ce nouvel
» excès. Il ſouffrit même qu'un homme (ſi
» peu digne d'être regardé comme le Miniſ-
» tre d'un Prince qui vouloit vivre en bonne
» intelligence avec un autre Souverain) con-
» tinuât de reſter à Rome. Enfin le ſamedi 5
» Juillet, on vit à la porte du même Hôpi-
» tal de S. Antoine un autre placard. (*Voyez*
» *le Recueil lettre Z.*) c'étoit une nouvelle in-
» ſulte faite à Sa Sainteté dans le tems même
» que le commandeur d'Almada, par l'ordre
» de qui l'affiche avoit été miſe, prétendoit
» ſe déclarer content du S. Pere.

XXVIII. OBSERVATION.

Ici le Relateur fait éclater ſon indignation contre l'Edit que M. d'Almada, voulant notifier les ordres du Roi ſon Maître à tous les Portugais, fit afficher dans leur Egliſe Nationale. Encore eut-il l'attention de ne le faire afficher que dans l'intérieur de l'Egliſe, en Portugais & non pas en Italien. » Il ſuffit, » dit le Relateur, de lire cet Edit pour en » concevoir de l'indignation. » Mais auſſi, pour être indigné de ſa Relation, ne ſuffira-t-il pas de la lire, aſſaiſonnée de quelques petites remarques ? c'eſt ce qu'il ne m'appartient pas de décider : je laiſſe la déciſion à tout autre qu'au Relateur.

* *Note de l'Auteur.* Le Relateur eſt mal informé. Les Portugais qui ſe rendirent chez le Commandeur, ne paſſoient pas le nombre de 193.

Au reste, je ne m'étonne point de l'amertume qu'il témoigne contre l'Edit de M. d'Almada. Il n'y avoit dans cette Piéce ni fadeurs ni complimens, elle piquoit au vif notre Auteur. Il est naturel de regimber contre l'éguillon, & de haïr la vérité quand elle blesse.

Tous ces mots de *sédition*, de *patience*, de *tolérance* du Pape, d'*assemblée de Portugais par centaines*; cet homme devenu à tant de titres indigne d'être regardé par le saint Pere comme *Ministre d'un Prince qui veut entretenir avec la Cour de Rome une parfaite intelligence*, ce sont de pures imaginations, des êtres de raison, des paroles vuides de sens: vrai babil de charlatan pour attrouper la populace. Quand on fait tant que de tirer l'épée, ce devroit être pour se battre tout de bon.

Le premier Edit étoit absolument nécessaire pour avertir tous les Nationaux de venir entendre les ordres de leur Roi, & les motifs qui déterminoient Sa Majesté à les faire sortir de Rome. Il faudroit donc que le Relateur expliquât comment une assemblée de Nationaux, qui se fait toutes les fois qu'un Souverain veut notifier quelque chose à ses sujets, peut avoir un air de sédition. Cette idée paroîtra plaisante, & fera rire les plus indifférens, lorsqu'ils entendront qualifier de *nouvel excès* cette assemblée de Nationaux chez le Ministre de leur Roi. On a beau déclamer contre cet Edit, (Recueil lettre X,) prétendre qu'il est impoli, grossier, imprudent: on ne prouvera jamais qu'il blesse le Droit public ou le Droit des Gens, ni qu'il puisse donner lieu aux plaintes ameres qu'en fait la Relation.

Dans le cas où l'on croyoit être, il étoit

naturel de donner le second Edit pour révoquer le premier. Mais comme on ne pouvoit encore annoncer la paix, il falloit détailler à la nation portugaise l'état où se trouvoit l'affaire, sans néanmoins changer de style. (Voy. le second Edit dans le Recueil lettre Z) Il étoit donc indispensable d'informer de cette suspension [de la rupture] les Ministres Etrangers. M. d'Almada pouvoit-il croire que les Ministres du Pape auroient assez d'ascendant sur l'esprit de Sa Sainteté, pour l'engager à manquer de parole ?

Relation.

» Au bruit de cette nouvelle entreprise, il
» ne fut pas possible au Pape d'user de tolérance. Il fit appeller, le soir du même jour, le
» Card. Corsini, qui n'étoit pas encore informé
» de cette nouvelle affiche; & Sa Sainteté lui
» montra combien le Ministre de Portugal abusoit de l'entretien qu'Elle avoit eu le jour
» précédent avec son Eminence. En effet, de
» ce que Sa Sainteté avoit déclaré qu'Elle ne
» vouloit plus traiter des affaires de Portugal
» qu'avec le Card. Corsini, il s'ensuivoit selon
» le sens naturel des termes, que le commandeur d'Almada seroit positivement exclus de toute négociation concernant ces
» affaires : & ce Ministre, au contraire, avoit
» voulu faire croire, qu'en conséquence de
» cette déclaration, le cardinal Corsini devoit
» être l'entremetteur des pour-parlers entre le
» Pape & lui (commandeur d'Almada,) à l'exclusion du TRES-SAINT MINISTRE DU
» PAPE.

E v

XXIX. OBSERVATION.

Nouvelles exclamations ! Toujours de la tolérance... toujours des paroles vuides de sens. L'abus qu'a fait le commandeur d'Almada de ce que le Pape avoit dit la veille au card. Corsini ; abus que l'on ne peut tolérer, surtout depuis que le commandeur a notifié le fait aux Ministres Etrangers ; autres reproches de même espèce : tout cela fatigue la plume du Relateur ; mais en pure perte, parce que tout ce qu'il entreprend de prouver est détruit par le Manifeste du cardinal Corsini, & par les Billets de cette Eminence, que nous avons déja cités. D'ailleurs, si les choses se sont passées comme le dit le Relateur, le Pape aura fait une démarche bien étonnante. Il se fera arrogé le droit d'établir quelqu'un Ministre d'un Prince, pour traiter des affaires de ce Prince avec les Ministres de Rome. Je conseille donc au Relateur de finir de mauvais propos dont il pourroit se repentir quelque jour.

Qu'il daigne au moins nous expliquer ce qu'il entend par son *très-saint Ministre*. Dans le stile de Cour de Rome le Pape est le *très-saint*. Dans le langage Catholique, ce titre se donne par excellence à l'auguste Sacrement de nos Autels. Mais, quoi ! le *très-saint Ministre* Torregiani !...... Passe encore s'il étoit dans le Martyrologe Romain. Cette Sainteté superlative a bien l'air de n'être fêtée ni par les Théologiens, ni par les Fidéles, ni même par la Cour de Rome.

« Interprétation fausse & entiérement op-
» posée aux intentions du Saint Pere. C'étoit
» néamoins en ce sens, que le Commandeur
» d'Almada avoit rendu publique la décla-
» ration susdite ; c'étoit sur ce pié-là qu'il en
» avoit parlé dans la nouvelle affiche & dans
» les nouveaux Billets distribués de sa part à
» tous les Ministres des Cours Etrangéres. »

XXX. OBSERVATION.

Le Commandeur eut grande raison de notifier aux autres Ministres Etrangers les vues
pacifiques de Sa Sainteté. Devoit-il refuser
d'en croire sur sa parole l'Eminentissime Corsini ? Cette communication réciproque entre
les Ministres des Cours Etrangéres n'est-
elle pas un devoir indispensable pour tout
Ministre jaloux de son caractère ? La varia-
tion du Pape, ouvrage du Cardinal Torregiani, attira nécessairement le troisiéme Edit.
M. d'Almada ne pouvoit se dispenser d'apprendre à ceux de sa Nation, que les Ministres Romains, au moyen de certaines ex-
plications aussi malicieuses que forcées, avoient
si bien opéré sur l'esprit du Pape, que Sa
Sainteté manquoit de parole : Et à qui ? A
un Roi, Défenseur de l'Eglise, héritier du
dévouement que ses Prédécesseurs ont eu de
tems immémorial pour le Pontife Romain :
à un Prince dont la bonté ménageoit encore
ceux qui, pour les raisons bien connues,
avoient déja consommé la rupture autant
qu'il étoit en eux : à un Monarque enfin

qui vouloit [quoique le Relateur infinue le contraire] entretenir une amitié inaltérable avec la Cour de Rome, depuis l'expulsion du Cardinal Acciajuoli. Il falloit donc un troisiéme Edit pour notifier aux Nationaux, que la tréve étoit rompue, que l'armistice n'avoit plus lieu, & qu'il ne restoit qu'à exécuter les ordres du Roi. [Voy. le Recueil, lettres A a.].

Rélation.

« Ensuite, comme il étoit nécessaire d'éloi-
» gner un homme toujours prêt à souffler le
» feu de la discorde, le Saint Pere déclara
» de plus à son Eminence, qu'il n'entendroit
» à aucun discours, de quelque part qu'il
» vînt, sur les différends survenus en Portu-
» gal, jusqu'à ce que le Commandeur d'Al-
» mada fût parti de Rome, & sorti de tout
» l'Etat Ecclésiastique : Sa Sainteté donnant
» sa parole en même tems, qu'après l'éloi-
» gnement de ce Ministre, Elle prêteroit
» volontiers l'oreille à tout discours ou traité
» qu'on voudroit entamer avec Elle, sauf tou-
» jours l'honneur dû à sa Dignité & à celle du
» Saint Siége Apostolique. »

XXXI. OBSERVATION.

Rien de nouveau. Toujours les mêmes choses fassées & ressassées, comme dit no-blement le Pere Zaccaria. Notre Auteur perpétuellement en couroux, le tout néan-moins pour la plus grande gloire du Saint Siége, parle à tort & à travers, sauf à dérai-sonner & à ne rien conclure. Il ne se propose que de déchirer le Commandeur d'Almada, & d'étourdir les Lecteurs. Son systême est de toujours dire & médire, de peur que son silence ne passe pour un aveu de ce qu'il ne diroit pas. Il sçait parfaitement que l'on ne peut insulter un ministre, en ce qui regarde son ministére, sans faire injure au Souverain.

Relation.

« Telle est la Relation fidéle de tout ce
» qui a précédé & accompagné l'expulsion
» du Cardinal Acciajuoli, & le départ du
» Commandeur d'Almada, de la Cour de
» Rome. On s'est appliqué à rapporter les
» faits dans la plus grande simplicité, sans
» emphase de paroles, sans ornemens de
» discours : misérable ressource de ceux qui
» ont tort, & qui connoissent la foiblesse de
» leur cause : au lieu que ceux qui ne met-
» tent leur confiance que dans la bonté de
» leurs raisons, font ensorte que chacun éta-
» blisse son jugement sur la base incontesta-
» ble des faits. »

XXXII. OBSERVATION.

S'il en faut croire l'Auteur, nous devrions lui rendre graces de nous avoir donné une Relation si fidéle. Selon lui, c'est la vérité elle-même qui l'a dictée. Je voudrois de tout mon cœur pouvoir souscrire à cet éloge. Mais s'il est vrai, comme dit le Relateur, que les ornemens recherchés montrent qu'on soutient une mauvaise cause ; les chicanes, les sophismes, les reticences pourroient bien montrer que cet Auteur est peu sincere. On fait dire à l'Aigle percé d'une fléche : MEIS MORIOR IPSA PENNIS : [*mes propres ailes me donnent la mort.*] Le Relateur ne seroit-il pas cet Oiseau ? Je crois que le Public le reconnoîtra sous cet emblême. Finissons. Nous dirons le reste une autre fois, en cas que notre Ecrivain ne rétracte pas sa parole.

Non quod fit Romæ, sed quod fieri debet, attendendum est. Il faut suivre la régle, & non ce que fait Rome.

Hieronym. apud Durandum, magist. Sac. Pal, in 4. sent. Dist. 7. Lib. 3.

RECUEIL
DES PIÈCES
JUSTIFICATIVES.

A

BILLET

De Dom Louis da Cunha, Sécretaire d'Etat, à tous les Ambassadeurs des Cours Etrangeres, & à plusieurs des Ministres du second Ordre, pour leur notifier le Mariage du Sérénissime Infant Don Pedre, avec la Sérénissime Princesse du Brésil.

ILLUSTRISSIME ET EXCELLENTISSIME
SEIGNEUR,

La certitude qu'a le Roi du grand intérêt que prend Sa Majesté N. à tous les heureux événemens qui regardent sa Maison & Famille

Royale, fait qu'à l'heure même où se célèbre le mariage de la Sérénissime Princesse du Brésil avec le Sérénissime Infant Don Pedre, Sa Majesté donne part audit Monarque de cette agréable nouvelle. Le Roi m'ordonne de la communiquer aussi à votre Excellence, & de lui dire en même-tems, que Sa Majesté dépêche un exprès à ce sujet, & que votre Excellence pourra s'en servir si elle le juge à propos, pour écrire à sa Cour.

Et comme dans cette occasion leurs Majestés & leurs Altesses donneront audience, j'ai ordre de notifier à votre Excellence, que le Roi a établi que les Ministres d'un rang égal se présenteront selon la datte de la remise des Lettres de Créance qui ont légitimé leur caractere dans cette Cour; & cette disposition regarde Messieurs les Ambassadeurs & Ministres Etrangers qui résident actuellement, & qui résideront à l'avenir, auprès de Sa Majesté.

En tout ce qui pourra faire plaisir à votre Excellence, elle me trouvera toujours prêt à exécuter ses volontés.

Que Dieu ait votre Excellence en sa sainte garde pendant plusieurs années. Au Palais le 6 Juin 1760.

De votre Excellence,

Le très-dévoué & très-obéissant Serviteur,
Signé, Don LOUIS DA CUNHA.

B

LETTRE

Écrite par ordre de Sa Majesté très-Fidéle au Cardinal Acciajuoli, Nonce du Pape, par Don Louis da Cunha, Sécretaire d'Etat ; pour le faire sortir de la ville de Lisbonne.

MONSEIGNEUR,

Sa Majesté, usant du juste, royal & souverain pouvoir qui lui appartient par toutes sortes de droits, pour mettre à couvert de toute atteinte son autorité royale, & préserver ses sujets de scandales capables de nuire à la tranquilité publique de ses Etats, m'ordonne de signifier à votre Eminence, qu'elle ait à sortir de cette Capitale, & à passer de l'autre côté du Tage, au moment même qu'elle aura reçu cette Lettre, & que dans le terme précis de quatre jours elle ait à sortir de ces Royaumes par le chemin le plus droit.

Pour transporter décemment votre Eminence, les Frégates du Roi sont actuellement toutes prêtes au bord de la riviere, vis-à-vis de l'Hôtel de votre Eminence.

Afin que votre Eminence y puisse entrer & continuer son voyage, sans craindre aucune insulte contraire à la protection que Sa Majesté accorde en toute occasion dans ses Etats à l'immunité du caractere dont votre

Eminence est revêtue ; Sa Majesté a en même tems donné des ordres pour faire conduire votre Eminence jusqu'aux frontières de ce Royaume avec une escorte militaire, honnête & convenable.

Je suis pour servir votre Eminence avec la plus grande obéissance. Que Dieu garde votre Eminence plusieurs années. En Cour ce 14 Juin 1760.

De votre Eminence le très-humble serviteur, Don LOUIS DA CUNHA.

C

BILLET

Du Commandeur d'Almada au Maître de la Chambre du Pape, pour demander une audience.

De l'Hôtel le 30 Juin 1760.

JE présente mes très-humbles respects à M. l'Illustrissime & Révérendissime Maître de la Chambre ; & comme il est pour moi d'une nécessité indispensable d'être aux pieds de Sa Sainteté avant jeudi prochain, je le supplie d'obtenir de Sa Sainteté, qu'Elle veuille bien avancer l'audience qu'Elle a eu la bonté de me promettre pour vendredi. J'en conserverai une éternelle reconnoissance pour Sa Sainteté & pour votre Illustrissime Seigneurie.
Je suis, &c.

D

RÉPONSE

Du Maître de la Chambre.

De l'anti-chambre de notre Seigneur le premier de Juillet 1760.

J'Assure de mes très-humbles respects M. l'Illustrissime Commandeur d'Almada, Ministre Plénipotentiaire de Sa Majesté très-Fidéle; & me fais un vrai plaisir de lui annoncer, qu'ayant représenté au S. Pere, que votre Seigneurie Illustrissime souhaitoit qu'on avançât l'audience qui vous avoit été promise, Sa Sainteté consent à vous entendre mercredi matin; mais seulement après l'audience de ses principaux Ministres. Ainsi je conseillerois à votre Seigneurie Illustrissime de se présenter vers les 15 heures & demie: Je suis, &c.

E

BILLET

Du Maître de la Chambre au Commandeur d'Almada.

De l'anti-chambre de N. S. le 2 Juillet 1760.

LE Maître de la Chambre, après avoir informé hier matin l'Illustrissime Seigneur d'Almada, Ministre Plénipotentiaire de Sa

Majesté très-Fidéle, de la condefcendence qu'a voit eu le S. Pere, d'avancer l'audience que fa Seigneurie defiroit; fe voit maintenant obligé par ordre exprès de Sa Sainteté, de faire fçavoir à fa Seigneurie Illuſtriſſime, qu'attendu quelques nouveaux incidens venus à fa connoiſſance par les Lettres que le courier ordinaire apporta hier de Lisbonne, & *qui feront communiqués à votre feigneurie Illuſtriſſime par une voie plus convenable*, n'a pas pour agréable de lui donner audience ce matin. Celui qui écrit réserve à d'autres occaſions de donner à votre Seigneurie Illuſtriſſime les plus grandes preuves de fa conſidération, &c.

LETTRE

Du Cardinal Torregiani à M. Acciajuoli, Nonce du Pape en Portugal.

Monsieur le Nonce,

Le S. Pere s'eſt fait rendre compte de vos Lettres en datte du 2 Mai, des 6 & 13 Juin, & du 18 Juillet, qui concernent 1°. la Commiſſion donnée par le Bref de Benoît XIV. au Cardinal Saldanha pour la viſite & la réforme des Maiſons de la Compagnie de Jeſus; 2°. la défenſe de prêcher & de confeſſer faite aux mêmes Religieux par le mandement du Cardinal Patriarche Manoël dans toute l'étendue de son Patriarcat ; 3°. le Decret publié par M. le Cardinal Visiteur, au sujet du commerce que l'on impute à ces Religieux. Sa Sainteté voulant prendre connoissance Elle-même de ces affaires, ainsi qu'Elle a résolu d'en user dans toutes les causes importantes, à l'exemple de ses Prédécesseurs, s'est déterminée à prendre les avis de quelques-uns de MM. les Cardinaux. Elle a choisi par préférence ceux qui composent le saint Office : non qu'Elle croye que ces affaires soient de la compétence de ce Tribunal ; mais parce qu'Elle y trouve réunis les Cardinaux du Palais, & quelques Cardinaux Théologiens. D'ailleurs, Sa Sainteté est à portée de les voir rassemblés en sa présence, du moins une fois la semaine, & de conférer avec eux sur les affaires occurrentes, sans donner lieu à ces discours & à ces mouvemens que causent toujours dans le public les Congrégations extraordinaires. Je vous donne avis de cet arrangement du S. Pere, pour prévenir les équivoques qui pourroient naître de ce qu'on vous écriroit d'un autre côté.

Sa Sainteté s'est fait rendre compte en même-tems d'un mémoire du P. Général des Jésuites, dont je vous envoie la copie. Vous y verrez avec quelle modération & quel respect * pour le Roi & pour ses Ministres, on supplie de considérer, que quand même il se trouveroit dans l'Ordre quelques sujets coupables des crimes atroces qu'on leur impute, il ne s'ensuivroit pas que tous les Jésuites Portugais qui sont en Europe ou au de-là des mers, fus-

* Ces sentimens de respect & de modération ressemblent à ceux que témoigne le Relateur. *Cette note & les suivantes sont de l'Auteur de la Réponse.*

sent criminels. Vous y verrez que toute la grace qu'on demande, est que l'innocence ne soit pas confondue avec le crime ; que l'on épargne ceux qui pourront justifier leur conduite ; que l'on exerce contre les autres une rigueur juste & salutaire ; mais que l'on ménage l'honneur de la Compagnie.

Vous ne communiquerez ce Mémoire à personne. Mais comme vraisemblablement vous en entendrez parler, attendu que M. d'Almada, ou quelqu'autre, ne manquera pas d'écrire à Lisbonne pour s'en plaindre comme d'un appel interjetté au Tribunal du S. Pere ; & qu'on voudra faire passer ce Mémoire dans l'esprit du Roi & du Ministere pour un Acte séditieux, & pour un attentat : * alors sans faire connoître que vous y preniez aucun intérêt, ni que vous ayez à cet égard aucun ordre, aucune commission ; en un mot, par forme de conversation, & non autrement, vous direz ce que c'est que ce Mémoire, combien il est respectueux & soumis. Et si vous êtes assez heureux pour faire naître quelque sentiment de pitié ; vous ajouterez, en passant, comme de vous-même, qu'à la vérité l'on ne doit déroger en aucune sorte au Bref de réforme obtenu par la sage prévoyance de Sa Majesté ; mais que l'exécuter avec tout le tempérament qu'inspire la charité, ce sera le moyen le plus sûr de faire réussir la visite à la gloire du Roi, aussi-bien qu'à l'honneur d'un Ordre Religieux qui, généralement parlant, s'est rendu très-

* Quelle charité ! Ils mentent & calomnient impunément, parce que leurs impostures sont appuyées par les Ministres du Pape, qui les veulent faire passer pour autant d'actes d'humilité.

utile, & a bien mérité * de l'Eglise Catholique.

On a, de plus, fait observer au S. Pere l'irrégularité qui se trouve dans le Decret du Card. Saldanha, publié le 5 Juin, où son Eminence défend le commerce aux Peres Jésuites. En effet, quoique ce Decret n'ordonne rien qui ne soit conforme aux saints canons; cependant comme on assure qu'il a été imprimé dès le 28 Mai, & que la visite n'a été ouverte que le 31 du même mois, il s'ensuit que les Jésuites ont été déclarés commerçans, avant que l'on eût acquis la preuve juridique de leur commerce. Ainsi la publication du Decret antérieure à l'examen des Livres, montre clairement qu'on a condamné ces Peres sans les entendre, & que l'examen de leurs Livres eût été la preuve de leur innocence. Il faudra donc que M. le Nonce ait soin de veiller à ce que les faits articulés par le Decret, soient prouvés dans la suite.

Quant à l'interdit prononcé contre ces Religieux par feu M. le Cardinal Patriarche; comme la mort ne lui a pas laissé le tems d'en dire le motif; & que, selon vos Lettres, il ne l'avoit communiqué ni à M. le Cardinal Visiteur, ni à l'Evêque suffragant, son Vicaire Général : maintenant que M. le Cardinal de Saldanha réunit en sa personne la double autorité de Visiteur & de Patriarche; vous devez, avec votre dextérité ordinaire, lorsque l'occasion s'en présentera, [mais toujours par forme de conversation & de conseil] insinuer que comme il s'agit

---

* Quoiqu'il en soit des mérites, leurs démérites l'emportent.

d'un Corps très-nombreux, qui a plusieurs Maisons dans la Capitale & dans le Patriarcat, on pourroit, de fait, sans déclaration ni acte public, rendre les pouvoirs à quelques Jésuites, reconnus pour innocens des crimes qu'on leur impute. Par ce moyen on sauveroit tout-à-la fois & les dispositions du Mandement, & l'honneur de l'Ordre *.

Enfin vous ferez usage, selon votre prudence, de ce que je vous écris ; mais seulement en cas que vous en puissiez tirer quelque avantage : & vous nous donnerez ici en détail toutes les ouvertures que le tems & l'état des choses pourront offrir à votre exactitude & à votre expérience. Mais ayez soin de ne compromettre en aucune façon votre Ministére : ce qui sera peu difficile, parce qu'il n'est pas à présumer que l'Eminence déléguée veuille faire un secret de ses découvertes & de ses opérations au Ministre de celui qui la délègue.

G

BILLET

De M. le Commandeur d'Almada au Cardinal Torregiani.

De l'Hôtel le 30 Juillet 1759.

COmmme on me laisse depuis si longtems dans la même incertitude sur la

* Plût à Dieu qu'ils fussent tous interdits ! L'Enfer seroit moins peuplé.

détermination

détermination du Saint Pere, au sujet de la demande que fait Sa Majesté Très-Fidéle par son Procureur Fiscal ; quoiqu'il y ait déja huit jours que s'est tenue la Congrégation assemblée pour cette affaire. Je ne puis me dispenser de revenir à la charge pour demander une décision à votre Eminence. Je le fais par ce Billet, attendu qu'elle m'a prié de ne me plus donner la peine d'aller chez elle. Je redouble mes instances, parce que je ne sçaurois croire que le Saint Pere voulût se retrancher à me faire cette réponse, que m'ont insinuée votre Eminence & M. le Cardinal Rezzonico : *Sa Majesté Très - Fidéle Elle-même a si longtems différé de répondre.*

Il y a bien de la différence entre une Lettre de compliment, & une décision sur ce qui intéresse la vie d'un Roi & la sûreté de son Royaume. Cette défaite réussiroit peu dans le Public, & j'apprehenderois que le Roi mon Maître ne fût mécontent de se voir traité de la sorte, après qu'il a donné au S. Pere des preuves de respect & d'obéissance filiale, qui ont étonné l'Europe, & n'ont pas été approuvées en tout par les Souverains.

Ce qui augmente ma crainte, c'est que le Roi Très-Fidéle est parfaitement instruit des calomnies & des impostures que les Peres Jésuites ne cessent de vomir en cette Cour, & de l'effroyable licence avec laquelle ils se déchaînent contre l'autorité Royale & contre l'heureux Gouvernement de S. M. Il pourroit donc bien arriver qu'Elle ne fût pas moins blessée de voir que dans cette même Cour du Pape Chef de l'Eglise, dont ce Monar-

F

est un des enfans les plus distingués par son rang & par ses services, un Corps de Religieux ose lui déclarer la guerre par ses calomnies, & mettre par-là le comble à tant d'autres excès atroces & publics dont cet Ordre s'est rendu coupable envers sa Personne Sacrée. Ne risque-t-on pas de faire croire que ceux qui par leur caractere & par leur état sont les plus obligés de le réprimer, le soutiennent, ou connivent à ses attentats sacriléges ? Loin d'appuyer sur un tel soupçon, je connois trop la justice incorruptible & la bonté paternelle du S. Pere, pour douter qu'il ne l'écarte totalement par une réponse qui ne laissera rien à désirer à S. M. Très-Fidéle, & qui me donnera lieu d'admirer jusqu'à quel point Sa Sainteté est touchée de la douleur que causent à Sa Majesté des événemens si tragiques : Evénemens arrivés sous les yeux de ses fidéles Sujets, & dont les Auteurs sont des hommes qui se disent *Religieux*.

Mais quelle que soit la cause du retard, je craindrois d'être accusé de negligence à la Cour de Lisbonne, justement impatiente de recevoir une réponse, si je différois de lui rendre un compte exact de la situation actuelle de l'affaire. Je me flatte que votre Eminence n'omettra rien pour en procurer le dénouement. Je suis, &c.

BILLET

Du Cardinal Alexandre Albani aux Ministres Étrangers.

Du 4. Mars 1759.

Depuis la Chapelle qui s'est tenue ce matin, M. le Cardinal Secrétaire d'Etat m'a communiqué un fait dont il souhaite que je donne avis à votre Seigneurie Illustrissime; attendu qu'il ne sçait pas quand il pourra lui-même vous en faire part.

Voici de quoi il s'agit. M. d'Almada a demandé au Maître du sacré Palais, la permission de faire imprimer à Rome le procès contre les Jésuites. Le Maître du sacré Palais a répondu qu'il ne la pouvoit accorder sans le consentement du S. Pere, qui l'a absolument refusé.

M. d'Almada piqué de ce refus, en a fait par écrit les plaintes les plus vives au Cardinal Sécrétaire d'Etat, ajoutant qu'il se plaindroit de l'offense qu'il a reçue, à tous les Ministres Etrangers, pour les engager à prendre fait & cause dans cette affaire.

Il est bon d'apprendre à votre Seigneurie, que M. d'Almada n'a point de Lettres de créance, & que le Roi de Portugal n'a point encore fait réponse à la Lettre que lui écrivit le sacré Collége pour lui notifier la mort de Benoît XIV. non plus qu'à celle du Pape au

F ij

sujet de son Exaltation. Ainsi l'on ne sçait ce que prétend M. d'Almada.

Mais indépendamment de tout cela, il n'a point sujet de se plaindre, n'étant pas juste que le Pape canonise par son approbation *les procédures de Lisbonne, sans savoir comment elles ont été faites*; ni qu'il autorise un *Ecrit aussi injurieux pour un Corps aussi respectable que la Compagnie, & un certain Cardinal Ministre qui est à Rome.*

Votre Seigneurie fera d'elle-même, sur cette affaire, sur celui qui la suscite, sur la manière dont il la pousse, des reflexions qui ne me viennent pas maintenant à l'esprit. Je m'acquitte de la commission dont m'a chargé M. le Cardinal Sécretaire d'Etat : & je suis, &c.

I

EXTRAITS

De quelques Lettres du Cardinal Acciajuoli à un Ministre résident à Rome, écrites avant que le Cardinal Torregiani eût obligé ce Nonce à changer de style.

De Lisbonne le 24 Janvier 1758.

J'Oubliois de vous dire que Sa Majesté très-Fidéle, avec sa bonté ordinaire, vient de donner, à ma considération, une dignité de la Patriarchále & un Canonicat de la Cathédrale de Punchal aux deux freres du Comte Hyacinte mon neveu. Voyez combien j'ai d'obligations à ce Monarque. Mais j'en ai de plus grandes encore à M. Carvalho son Ministre, & à toute la Maison de ce Seigneur...

De Lisbonne le 22..... 1758.

Je remets cette Lettre à un courier qui part pour l'Italie, avec ordre exprès de vous la présenter avec mes complimens. Je sçai qu'il porte des dépêches capables d'occuper pendant plusieurs semaines le Ministere de Rome... La Providence a voulu qu'un Roi qui est la clémence, la piété même, en un mot le parfait modéle d'un Prince chrétien, fût éprouvé par des accidens inouïs, tels que cet horrible tremblement de terre, & ce dernier événement aussi tragique que le premier. Mais je trouve qu'elle lui avoit ménagé une ressource proportionnée à ces deux épreuves, en lui donnant un homme du mérite, de l'expérience, de la pénétration & du sçavoir de M. Carvalho. Ce Ministre s'est immortalisé.....

De Lisbonne le 27 Mars 1759.

Si l'on est curieux à Rome, comme vous le dites, des nouvelles de Portugal; il y a ici quelqu'un qui n'est pas moins curieux des nouvelles de Rome. Pour moi, j'ai pendant trois mois imité le silence de cette Cour, avec d'autant plus de raison, que dans tous les bruits qui se répandoient je ne pouvois démêler le vrai d'avec le faux, en m'attachant même à ce que j'apprenois des Ministres & des Officiers de la Chambre. Ayant eu, depuis, quelques éclaircissemens par Don Louis d'Acunha,

L

BILLET

Du Cardinal Torregiani, Sécretaire d'Etat, à M. le Commandeur d'Almada.

Du Palais Quirinal le 3 Janvier 1760.

JE n'ai pas manqué de mettre sous les yeux de Sa Sainteté le Billet de votre Seigneurie Illustrissime, en datte du premier de ce mois. Le s. Pere a fait attention à vos représentations au sujet de la Liste des Nonces envoyée l'année derniere à votre Cour dès le commencement d'Avril. Il a consideré que la réponse de votre Cour s'étant fait si long-tems attendre, il avoit fallu destiner à d'autres emplois les trois sujets proposés; & que, par conséquent, il conviendra d'en proposer de nouveaux.

Le s. Pere se flatte de pouvoir jetter les yeux sur des Prélats d'un mérite si reconnu, qu'ils soient irréprochables à tous égards; & qui se conformant aux maximes de sa sainteté, seront incapables d'attachement à d'autres principes qu'à ceux du s. siége. Je suis, &c.

M

BILLET

Du Cardinal Corsini au Commandeur d'Almada.

Du 12 Juillet 1760.

LE Cardinal Corsini, protecteur de la Couronne de Portugal, présumant qu'il peut être tombé entre les mains de votre Excellence quelque récit de ce qui s'est passé ces jours derniers sur les affaires de Portugal, & ne pouvant sçavoir sous quel point de vûe on auroit interprêté ce qu'on lui attribueroit d'avoir fait ; prend la liberté de le lui exposer avec la plus grande sincérité & vérité dans le Mémoire ci-joint. Elle peut être sûre d'y trouver dans la derniere exactitude ce que le S. Pere a ordonné & déclaré à la personne qui écrit, & qui est de votre Excellence, &c.

MEMOIRE

Du Cardinal Corsini.

LE Commandeur d'Almada ayant demandé & obtenu une audience [du Pape] pour le mercredi 2 de ce mois [de Juillet,] & cette audience ayant été révoquée le même jour, il voulut, selon les ordres qu'il avoit reçus, déclarer sur le champ une rupture ouverte entre les deux Cours. Le Cardinal Corsini, protecteur de la Couronne de Portugal, voulant éviter cette rupture, comme très-pernicieuse au S. Siége, à l'Eglise de Portugal, & aux Missions, sans parler des intérêts temporels, prit sur lui de faire au S. Pere la demande que devoit lui faire le Commandeur, de nommer quelque Ministre du saint Siége, avec qui pût traiter ce Commandeur, ayant des défenses trop absolues, disoit-il, de traiter désormais avec le Ministre politique de Sa Sainteté. En conséquence, le lendemain, jeudi, dès le matin, il pria le saint Pere de députer quelque Cardinal du Palais : mais il eut cette réponse obligeante de Sa Sainteté : *Nous ne voulons en entendre d'autre que vous*. Il lui présenta sur le champ la Lettre du Roi par laquelle ce Monarque faisoit part à Sa Sainteté du mariage de la Princesse Royale du Brésil. Il donna aussi-tôt avis de tout au Ministre Plénipotentiaire, afin que celui-ci suspendît la rupture, & qu'il pût envoyer sans délai la réponse du saint Pere à la Lettre de Sa Majesté : ce qui fut fait.

L'avis que le Cardinal donna au Ministre, de la complaisance du saint Pere, est conçu en ces termes. » Notre Seigneur a reçû avec » beaucoup de plaisir la Lettre de Sa Majesté » très-Fidéle, & s'est rendu à l'instance que » je lui ai faite de nommer un Cardinal avec » qui l'on pût traiter. Mais quoique j'aye pû » lui dire, jamais il n'a voulu en nommer » un autre que celui qui écrit. Considérez si » cette condescendance du Pontife ne mérite » pas que vous suspendiez pour quelque tems » l'ordre donné aux Nationaux, & que vous » donniez même d'autres marques de satisfac- » tion. »

Mais ensuite l'Edit qui suspendoit en effet le départ des Nationaux, ayant été vû au Palais Pontifical, il parut au saint Pere qu'on y faisoit trop d'ostentation, & qu'on s'y prévaloit trop d'une condescendance innocente & purement gratieuse. Dès le samedi au soir, Sa Sainteté manda le Cardinal Corsini, & lui signifia la suspension de sa Commission, tant que le Commandeur d'Almada demeureroit dans ses Etats. Mais le Cardinal ayant vû que ce Ministre étoit déja disposé à se retirer promptement & de sa propre volonté, se contenta de le lui conseiller, & s'abstint de lui notifier la déclaration que lui avoit faite le saint Pere, puisque le Commandeur la prévenoit. Il usa de cette réserve, afin de ne pas allumer un plus grand feu, & de pouvoir mieux servir le saint Siége; se réservant de penser à loisir au moyen de rendre compte à la Cour de Portugal de la résolution du saint Pere, & de la représenter sous les couleurs les plus propres & les plus convenables à ouvrir les voies à une réconciliation. Il a crû que c'étoit ainsi que devoit se comporter tout bon Ministre, & spécialement un Ministre Ecclésiastique.

N

BILLET

Du Cardinal Corsini à M. d'Almada.

A l'Hôtel, ce 3 Juillet 1760.

LE saint Pere a reçu avec un grand plaisir la Lettre de Sa Majesté très-Fidéle, ainsi que les autres papiers remis au Cardinal Corsini.

Sa Sainteté a accordé la grace qu'on lui demande de nommer un Cardinal avec qui l'on puisse traiter; mais Elle n'en veut point nommer d'autre que le Cardinal qui écrit. Il vous prie donc de lui envoyer aujourd'hui le Sécretaire du Roi, à qui il dira le reste. En attendant il vous prie de considérer si cette condescendance du Pape ne mériteroit pas quelque surséance des ordres donnés aux Natioraux, & d'autres marques de satisfaction. De tout son cœur il vous baise les mains.

BILLET

Ecrit par ordre du Pape au Commandeur d'Almada, par M. le Cardinal Corsini.

A l'Hôtel le 3 Juillet 1760.

LE Cardinal Corsini marque avec un très-grand contentement à M. le Commandeur d'Almada, la bonté qu'a eu, ce matin, Sa Sainteté, de le charger de conférer avec lui touchant les affaires de sa Cour. Par-là Sa Sainteté se flatte d'avoir donné une preuve non équivoque du vrai désir qu'Elle a de conserver l'union avec Sa Majesté très-Fidéle, en nommant le protecteur même de la Couronne, malgré la surprise que lui a causée l'expulsion de son Nonce.

Sa Sainteté a aussi reçu avec beaucoup d'estime & de satisfaction la Lettre par laquelle Sa Majesté lui fait part du mariage Royal, dont le saint Pere attend le plus grand avantage pour les peuples & pour la Couronne.

Après toutes ces marques d'amour & d'estime, le Cardinal qui écrit se flatte qu'on surseoira à tout signe extérieur de ressentiment, pour donner le tems au saint Pere, au milieu de ses importantes occupations, d'examiner les volumineux Ecrits qui lui ont été remis en main propre ce matin, & donner aussi au Cardinal qui écrit, le tems de profiter des occasions favorables & commodes pour procurer à sa Majesté, à qui il est si obligé & si attaché, les satisfactions qu'Elle desire.

Il espere que M. le Commandeur le secondera pour parvenir à un si heureux succès. Il lui baise les mains de tout son cœur.

P.

RÉPONSE

De M. le Commandeur d'Almada.

À l'Hôtel ce 3 Juillet 1760.

TOut ce que le Commandeur d'Almada pourra prendre sur lui dans les conjonctures présentes, sans s'écarter de l'essentiel de ses Instructions, il le fera de tout son cœur, autant pour faire plaisir à Sa Sainteté, & répondre à ses favorables condescendances, que pour se conformer à l'inviolable soumission & à la vénération profonde, dont le Roi son Seigneur fait profession envers la Personne sacrée de Sa Sainteté.

Quant à la commission donnée à votre Eminence, on ne peut qu'espérer, que par ce moyen les représentations du Roi parviendront dans toute leur intégrité à la connoissance de Sa Sainteté ; ce qui n'a pas été possible jusqu'à présent. Ce sera le vrai moyen de procurer à Sa Majesté les legeres satisfactions qui lui ont été injustement refusées. C'est la confiance qu'inspire le zéle paternel de Sa Sainteté, & la médiation de votre Éminence en qualité de nouveau Député.

Celui qui a l'honneur d'écrire à votre Eminence, lui exposera verbalement le surplus aujourd'hui; il lui baise les mains de tout son coeur & avec un très-profond respect.

Q

DIFFICULTÉS

Proposées par le Saint Pere à M. le Cardinal Corsini, & communiquées par cette Eminence au Commandeur d'Almada.

I. LE Ministre [Plénipotentiaire de Portugal] ne peut se plaindre, & sa Cour ne sçauroit se formaliser, de ce que le Pape a fait partir la réponse par un courier [sans la faire passer par les mains de ce Ministre.] Il est vrai que M. d'Almada a plusieurs fois sollicité cette réponse : mais il n'a jamais demandé qu'on la lui remît.

II. Ce Ministre n'a jamais dit qu'il eût des Instructions ou des ordres, pour négocier avec les Ministres du Pape d'autre affaire que l'extention du Bref de Grégoire XIII. Ainsi cette extension une fois accordée, n'y avoit plus rien à traiter avec lui.

III. La Cour [de Lisbonne] n'a pas raison de trouver mauvais, que le Nonce n'a pas voulu remettre au Roi les Lettres

Pape sans remettre le Bref en même-tems ; parce que toutes ces Piéces étoient sous le même cachet.

IV. On ne sçait surquoi fondée, la Cour de Lisbonne traite le Bref d'obreptice & de subreptice.

V. Les cinq Brefs qu'elle a joint à son Mémoire sont de nature différente de celui que l'on demandoit. Aucun de ces Brefs ne commet un Tribunal laïc, ni même un Tribunal mixte. Ainsi ce n'étoit pas une petite grace, que d'accorder l'extension pour le cas présent.

VI. Le Roi n'a pas raison de se plaindre des Ministres du Pape, & de les accuser de partialité pour les Jésuites.

VII. La demande que fait le Ministre de Portugal d'une autre personne pour traiter avec lui, à l'exclusion du Sécrétaire d'Etat, est une demande fort dure.

VIII. Le Ministre de Portugal ne daigne plus rendre visite au Cardinal Rezzonico après l'Audience.

IX. La Cour de Lisbonne se plaint sans fondement : c'est Rome qui seroit en droit de se plaindre. Cependant Rome se tait & ferme les yeux sur bien des choses qu'à la rigueur elle ne devroit pas dissimuler. De ce nombre est le pouvoir que s'arroge le Card. Saldanha, de dispenser des vœux simples les Jésuites qui s'adressent à lui.

X. La Cour de Rome auroit encore à se plaindre de ce que le feu Cardinal Patriarche a interdit les Jésuites non-seulement dans son Diocèse, mais encore dans tout le Royaume : ce qu'il ne pouvoit faire sans consulter le Saint Siége.

RÉPONSE DE M. D'ALMADA

Aux Difficultés proposées ci-dessus, qui fut présentée secrétement au Pape par M. le Cardinal Corsini

Lorsque Votre Eminence m'a fait l'honneur de me communiquer diverses objections, elle étoit si fort occupée, que craignant de me rendre importun, j'ai mieux aimé répondre par cette Lettre.

Votre Eminence dit d'abord que je ne dois pas me plaindre, & que la Cour de Lisbonne n'a pas dû se formaliser, de ce que le Pape, au lieu de me remettre son Bref & sa réponse, a expédié un courier pour les porter au Roi mon Maître. La raison dont se sert votre Eminence, est qu'en sollicitant cette réponse, je n'ai jamais demandé qu'on me la remît. Je réponds qu'il ne m'est pas venu dans l'esprit de prendre cette précaution, parce que je n'imaginois nullement, que les Ministres du Pape usassent de restriction mentale en traitant avec les Ministres des Rois. J'étois d'autant moins sur mes gardes, que les Lettres de créance qui m'autorisent à traiter cette affaire, subsistoient encore. Lorsque les Ministres des autres Couronnes demandent quelque grace, un Rescrit, un Bref favorable à leur Souverain, ils n'usent point de cette précaution. Enfin le commun des hommes entend que c'est à celui qui demande une chose, qu'elle doit être donnée. Tout autre Ministre à qui l'on auroit joué pareil tour, auroit jetté les hauts cris, & sa Cour auroit été blessée. C'est de quoi nous avons cent exemples, un entre autres depuis quelques mois. Envain répéteroit-on ce qui se lit dans un Billet de M. le Cardinal Sécrétaire d'Etat, que le Pape, en faisant partir un exprès, a voulu montrer plus d'attention pour Sa Majesté Très-Fidéle. C'eût été réellement une attention, si le Pape avoit répondu à la supplique comme le souhaitoit le Roi mon Seigneur; & si le Cardinal Sécrétaire d'Etat m'eût communiqué, au moins de vive voix, le contenu de la dépêche.

Mais ce qui détruit toute chicane, c'est que non content de solliciter la réponse, j'ai dit en termes exprès à MM. les Cardinaux Torregiani & Rezzonico, que je la voulois envoyer par un courier. C'étoit dire équivalemment, que je demandois qu'on me la remît.

Votre Eminence ajoute que l'on ne m'a point fait de question, que l'on ne m'a point communiqué les objections secrétes ni les difficultés proposées dans la Congrégation, contre les demandes du Roi; parce que j'avois laissé ignorer que j'eusse des instructions & des ordres. Mais qui ne sçait que tout Ministre chargé d'une négociation, a toujours les Instructions nécessaires. Quand même, ce que je ne puis soupçonner, les Ministres du Pape auroient ignoré une chose si commune, que leur en coutoit-il de s'éclaircir avec moi, s'il est vrai qu'ils voulussent, ainsi qu'ils le publient, signaler leur attention pour le Roi mon Seigneur.

Que l'on ne m'objecte pas que je n'ai point

montré mes Instructions. Aucun Ministre n'a jamais montré ni ne montrera les siennes. Tout le monde sçait que ces Instructions ne sont données que pour éclairer le Ministre & le diriger dans les diverses conjonctures. Ainsi puisque les Ministres du Pape ont vû par mes Lettres de créance, que j'avois pouvoir de négocier l'extension du Bref de Grégoire XIII.; s'ils trouvoient des difficultés à accorder cette extention, & s'ils vouloient la limiter, ils devoient nécessairement, pour agir en règle, me communiquer les restrictions qu'ils y vouloient mettre. Alors j'eusse fait usage de mes Instructions, & déclaré quelles sortes de limitations pouvoient être acceptées de Sa Majesté. En un mot, cette extrême attention pour le Roi Très-Fidéle, tant prônée, même par le Nonce à Lisbonne, pourroit être regardée comme quelque chose de réel, si le Bref & la réponse du Pape eussent été conformes à la demande que lui faisoit le Roi mon Seigneur par une déférence de sur-érogation. Mais comme le Bref ne répondoit nullement à la supplique, votre Eminence sentira tout le prix de cette preuve d'une plus grande attention pour Sa Majesté Très-Fidéle, toute la valeur de cette piéce envoyée secretement au Roi, pour lui être remise en main propre.

Votre Eminence suppose, que le Roi se plaint de ce que le Nonce n'a pas présenté les deux Lettres qu'il disoit avoir de Sa Sainteté, sous pretexte qu'il ne pouvoit les remettre sans présenter en même-tems le Bref, qui étoit sous le même sceau. Ce n'est pas là de quoi se plaint Sa Majesté : Elle sçait bien que le Nonce ne pouvoit ouvrir le paquet. Ce qu'Elle a trouvé mauvais, ce sont les instances du Nonce poussées jusqu'à l'importunité, pour l'obliger de recevoir un Bref que le Ministre d'Etat avoit prouvé par écrit n'être pas recevable. D'ailleurs, Sa Majesté ayant fait écrire à M. le Nonce, qu'Elle expliqueroit au Pape les motifs qu'Elle avoit de refuser le Bref, ce Nonce ne devoit plus insister sur l'acceptation; il devoit moins encore demander une nouvelle Audience pour présenter ce Decret. Tels sont les vrais griefs de Sa Majesté contre le Nonce, ainsi qu'on le voit clairement par le Mémoire déja présenté au Pape.

On ne comprend pas, dit votre Eminence, en quoi ce Bref peut être regardé comme obreptice & subreptice. J'aurai l'honneur de lui expliquer quelle est la pensée du Roi. Il croit fermement, que l'on n'a point mis sous les yeux du Pape les représentations énergiques & pressantes que l'on a faites au S. Siége de la part de Sa Majesté, dans les Lettres instructives en datte du 8 Octobre 1757, du 10 Février 1758, & du 20 Avril 1759.

Les cinq Brefs, ajoute-t-on, qui étoient joints au Mémoire, ne prouvent rien; ils étoient dans une autre espéce, parce qu'ils ne regardoient point un Tribunal laïque, ni même un Tribunal mixte. Je conviens qu'ils ne sont pas semblables au Bref que l'on demande; mais ils sont relatifs & conformes aux suppliques présentées par les Souverains qui les sollicitoient. On voit dans ces Brefs la déférence des Papes pour les prieres des Rois de Portugal, en des cas beaucoup moins pressans, & dans lesquels il s'agissoit de crimes infiniment moins atroces.

Quant à ce que l'on avance, que le Tribunal de Conscience, ou des Ordres, ne doit pas être regardé comme un Tribunal mixte, vû qu'il ne s'y trouve que peu d'Ecclésiastiques; cette objection est toute nouvelle pour moi. Dans les autres Tribunaux mixtes accordés par le Saint Siége, les Ecclésiastiques sont toujours en plus petit nombre que les Laïcs. Jules III accorda aux Génois le pouvoir de faire procéder contre les Clercs jusqu'à la peine de mort inclusivement, par des Juges séculiers. Il exige seulement que l'on mette au nombre des Juges, un Chanoine, ou quelque autre personne d'Eglise, constituée en Dignité, qui doit être choisie par le Sénat de Génes. Un seul Ecclésiastique suffit donc pour rendre mixte un Tribunal, sans qu'on soit astreint à tel ou tel nombre de Juges Laïcs. On peut encore lire les Brefs accordés aux Gouverneurs de Catalogne, de Roussillon & de Cerdagne, par les Papes Leon X. Clement VII, Paul III, & Pie V.

Que l'on ne dise pas que ces Brefs furent accordés à des personnes revêtues du caractère Episcopal. En effet, ces Gouverneurs ne demanderent point ces Brefs en tant qu'Evêques; & ce ne fut point à ce titre qu'on les leur accorda, mais à titre de Gouverneurs de Province. Pour s'en convaincre, il suffit de lire les Brefs en question, & spécialement celui de Clement VII, en daté du 6. Juin 1531. adressé à Charles V, & celui de Pie V. du 6 Octobre 1567. On y accorde à ces Gouverneurs le pouvoir de procéder *jusqu'à sentence definitive inclusivement, de l'avis de deux Docteurs, Membres de l'Audience Royale*, &c.

Je ne m'étonne pas que votre Eminence trouve peu fondées les plaintes que je fais contre les Ministres du Pape, & qu'elle croie que je n'ai pas des raisons assez fortes pour refuser de traiter avec eux. C'est qu'apparemment elle ignore les procédés de ces Ministres, dont je ne lui ferai point ici le détail, de peur de lui dérober un tems précieux. Je dirai seulement que depuis le cruel assassinat du Roi mon Seigneur, il n'est jamais échappé un seul mot de compassion, ni de la bouche ni de la plume d'aucun des Cardinaux du Palais. Ils ont, au contraire, prodigué aux Jésuites des louanges & des éloges qui auroient paru excessifs, même avant la tragédie de Portugal. Que votre Eminence ait la bonté de lire la Lettre de M. le card. Torregiani au Nonce d'Espagne, elle y trouvera ces propres termes : » Des » envieux & des libertins font une cruelle guer- » re à un corps respectable de Religieux bien- » méritans de l'Eglise, dont l'Institut a pour » objet de travailler continuellement à tout ce » qui peut servir au bien de la Religion & » au salut des ames : à un Corps de Reli- » gieux dont l'unique destination est de pro- » curer la plus grande gloire de Dieu, & de » conduire les hommes au Ciel. » Quiconque ne veut pas s'aveugler lui-même, voit que ce panégyrique outré n'est fait que pour donner un démenti à tout ce que le Roi mon Seigneur a fait imprimer dans ses Decrets & dans ses Edits. Ces Piéces & cette Lettre se contredisent formellement. Il est si certain que le but de la Lettre a été de démentir le Roi, que les Jésuites l'ont interprétée de la sorte dans leurs Ecrits, & que la meilleure partie du sacré Collége en a porté le même jugement. On a regardé comme un crime d'avoir imprimé la *Relation abrégée* que Benoît XIV. cite dans son Bref de réforme, & le Decret du cardinal Saldanha. L'Imprimeur a été mis en prison, & l'Edition livrée au Général des Jésuites qui n'y avoit aucun droit. Quand on eut reçu de Lisbonne quelques exemplaires du Jugement rendu contre les conjurés, le Gouverneur de Rome fit défense à tous les Imprimeurs de le donner au Public. Ce n'est pas tout, on eut soin d'avertir plusieurs personnes, de ne point communiquer les nouvelles qu'elles recevroient de Portugal. On alla jusqu'à faire des menaces à des particuliers de moindre considération. On fit les recherches les plus exactes pour déterrer les Auteurs des Ecrits qui n'étoient pas au goût des Jésuites. Quant aux Libelles qui leur étoient favorables, où l'on vouloit faire passer le Roi, ses Ministres & ses Magistrats, pour des imposteurs, des calomniateurs, des prévaricateurs dans l'administration de la Justice; on les a laissé courir aussi librement que s'ils eussent été des titres authentiques de l'innocence de ceux qui, par le Jugement le plus régulier & le plus solemnel, avoient été déclarés les ennemis du Roi très-Fidéle, les usurpateurs de ses Provinces, & de la meilleure partie du commerce, & les auteurs d'une conjuration contre sa personne sacrée.

Je n'exposerai point à votre Eminence les réceptions inciviles, ni les propos indécens que j'ai essuyés des Ministres du Palais. Je veux croire que ces incongruités ne s'adressoient qu'à ma personne. Mais ce que je ne puis taire c'est qu'on a laissé toute permission de parler avec la derniere insolence de Sa Majesté très-

Fidéle. Dans les cercles, dans les assemblées, ces mêmes Ministres ont attaqué sa réputation. La chaire de vérité, non seulement chez les Jésuites, mais aussi dans d'autres églises, a été profanée par les déclamations les plus furieuses, sans qu'on ait dit un mot de la part du Gouvernement, pour réprimer cette licence. Que dis-je ! les Jésuites sont reçus tous les jours & à toute heure dans le Palais avec l'air de la plus intime confiance, & toutes les marques de l'amitié la plus cordiale. On n'ôtera jamais de l'esprit à quiconque refléchit un peu, que ces Peres ne soient consultés sur toutes les affaires, & qu'on ne leur découvre tous les secrets dont on fait un mystére impénétrable aux Ministres des Têtes couronnées. Cependant tout le monde sçait combien on est sur le qui-vive à la cour de Rome, lorsque deux Souverains sont en guerre. Alors le partisan de l'un des deux ne sçauroient parler un instant, même dans la place publique, à quelqu'un qui s'est déclaré pour l'autre, sans s'exposer à des plaintes, à des disgraces. C'est dequoi votre Eminence peut se rappeller des exemples domestiques.

Je ne puis comprendre quelle dureté l'on trouve dans la demande que je fais d'une autre personne avec qui je puisse traiter, à l'exclusion de M. le Sécrétaire d'Etat. S'il plaît à votre Eminence de refléchir avec sa pénétration ordinaire sur ce que j'ai dit jusqu'ici ; ma demande lui paroîtra raisonnable. Cette demande, loin de paroître dure, doit convaincre Sa Sainteté de la sincere disposition où je suis de terminer cette affaire à l'amiable ; puisqu'il seroit impossible de se concilier avec un homme tel que le sécrétaire d'Etat, ouvertement déclaré contre ma cour, & passionné pour les Jésuites nos plus cruels ennemis. D'ailleurs il n'est pas nouveau, que sa sainteté, même sans en être requise, commette une personne ou plusieurs, pour traiter d'une affaire extraordinaire. Je pourrois citer une foule d'exemples, soit anciens soit récens; ils ne sont pas inconnus à votre Eminence.

Elle s'est plainte à moi de M. le comte d'Oeyras, sécretaire d'Etat, qui, dit-elle, a tourné le dos à Monseigneur le Nonce. si le fait est vrai; ce ne fut point un défaut de consideration pour ce prélat. Il s'attira ce traitement par ses importunités & par son obstination à vouloir, comme il l'avoue lui-même dans un Billet à Don Louis da Cunha, que M. le comte d'Oeyras se chargeât d'une affaire qui n'étoit point de son département. ce Ministre l'avoit déja dit une infinité de fois avec toute la politesse possible, sans en pouvoir persuader M. le Nonce, qui s'opiniâtroit à lui faire accepter un Mémoire sur l'affaire en question. Ainsi, pour couper court, il aima mieux lui tourner le dos, que de lui donner une réponse assortie à son importunité.

Ce qu'il y a de certain, c'est que M. le Nonce ne pourra pas dire, comme moi, qu'on l'a souvent reçu de bout, le coude appuyé sur une petite table, ou dans quelqu'autre attitude cavaliere, comme on reçoit le Barrigel de Rome, ou le Gouverneur de Pignano. M. le Nonce ne se plaindra pas non plus qu'on lui ait tenu des propos insultans pour sa sainteté.

On ne peut me faire un crime de n'être point allé chez M. le card. Rezzonico depuis l'audience que j'avois eue de sa sainteté. cette Eminence

Eminence m'avoit suffisamment déclaré que cette affaire ne la regardoit point ; qu'elle étoit du ressort de M. le Card. Secretaire d'Etat. D'où je conclus que je ne devois plus importuner le card. Rezzonico. Je fis aussi reflexion qu'ayant trouvé le Pape plus froid & plus sérieux qu'à l'ordinaire, je ne devois pas m'exposer à recevoir quelque mauvais compliment de l'Eminentissime Neveu. Je me souvenois de ce qui m'étoit arrivé dans d'autres affaires moins critiques, où les Jésuites n'entroient pour rien : & je sçavois, comme tout le monde, qu'il est leur ami de cœur.

Quant à la plainte que l'on fait de M. le card. de Saldanha, sur ce qu'il dispense les Jésuites des vœux simples, ce n'est ni au Roi mon Maître, ni à moi, de sçavoir ou d'examiner si M. le Visiteur a ce pouvoir : ce sont ses affaires. S'il a ce pouvoir, il s'en servira. S'il ne l'a pas, il le demandera. En tout cas, il fera ce qu'il jugera à propos.

Pour ce qui est de l'interdit des Jésuites dans toute l'étendue du Royaume, qu'ils imputent au feu cardinal Patriarche ; c'est une imposture qu'ils ne se lassent pas de répeter, quoiqu'on l'ait déja réfutée dans des Ecrits publics. Après cela, je m'étonne qu'elle trouve croyance ; c'est une nouvelle preuve de l'aveugle partialité que l'on a pour les Jésuites. Le Mandement de cette Eminence n'ôtoit les pouvoirs qu'aux Jésuites de son Diocèse ; & ce Mandement imprimé en Portugais & en Italien, fut présenté même au S. Pere. M. le Patriarche pouvoit-il interdire tous les Jésuites dans son Diocèse, sans consulter le s. siége : c'est une question qu'il ne s'agit pas d'examiner ici. Je prie seulement votre Eminence de faire une reflexion bien

G

naturelle. Si les Jésuites en imposent au Pape en lui alléguant des faits dont on peut découvrir la fausseté en jettant les yeux sur une Piéce imprimée ; combien ne doivent-ils pas avancer d'autres impostures dont il n'est pas si facile de les convaincre ?

Je finis cette Lettre en vous représentant, que je ne comprends rien au silence que l'on garde sur ce qui a fait l'objet de l'audience que j'ai eue il y a douze jours. Je voudrois bien que votre Eminence pût enfin me dire quelle peut être l'intention du S. Pere; afin que je puisse envoyer promptement un courier à Lisbonne, pour instruire ma Cour de l'état de cette affaire.

Je suis avec un très-profond respect, &c.

S

MÉMOIRE

Envoyé par M. le Commandeur d'Almada à M. le Cardinal Corsini.

De l'Hôtel le 21 Novembre 1759.

LE Roi, par sa Lettre au Pape dattée du 20 Avril 1759, & le Procureur-fiscal, par sa Requête, demandoient un Bref qui donnât un pouvoir ample & général de procéder jusqu'à la peine de mort inclusivement contre tous les Réguliers, accusés de crimes de Leze-Majesté. Cette demande étoit l'effet d'une respectueuse condescendance pour le Souverain Pontife. Ce Prince n'ignore pas que ce pouvoir est inséparable de la Royauté ; qu'il est autorisé à l'exercer par toutes les Loix divines & humaines, par le Droit des Gens, par l'exemple des Nations les plus civilisées & les plus religieuses. En faisant cette demarche, Sa Majesté se proposoit, non-seulement de faire cesser le scandale actuel ; mais encore de prévenir les chicanes qui pourroient naître à l'avenir. On sçait que dans les affaires délicates, telles que sont une révolte, une conjuration, un attentat sur les jours précieux d'un Monarque, on n'a pas le tems d'examiner scrupuleusement les bornes des Jurisdictions. Il faut prendre son parti sur le champ; tout délai pourroit être funeste.

Comme le projet du Bref ne répond nullement au contenu de la Lettre du Roi, non plus qu'à la Supplique du Procureur-fiscal appuyée par cette Lettre ; & que ce projet ne regarde que le délit commis le 3 Septembre de l'année derniere, sans dire un mot de ce qui pourroit arriver dans la suite : il faut nécessairement supposer que le S. Pere n'a pas été suffisamment instruit.

On est d'autant plus en droit de le penser, que le projet du Bref paroît illusoire ; puisqu'il accorde une permission dont on n'avoit nul besoin. En effet, M. le card. Patriarche, comme Evêque ordinaire de la Cour, a le pouvoir de livrer les coupables au bras Séculier, en vertu d'un des deux Brefs accordés à la Couronne de Portugal, le 15 Octobre 1583. Ces deux Brefs permettent de procéder, l'un contre les Prêtres des ordres militaires, l'autre, contre les Prêtres Réguliers, même des Religions les plus privilégiées. Ainsi le projet du Bref, au lieu d'accorder à Sa Majesté

G ij

quelque chose de nouveau (comme il paroît que c'étoit l'intention de sa sainteté, puisqu'Elle a dépêché un exprès ;) ce projet, dis-je, ôte au Roi ce qu'il avoit déja : & par conséquent, il est quelque chose de pis qu'un refus indirect.

Outre les deux Brefs de Grégoire XIII, on en a produit encore un de Léon X. & de Pie IV, qui accordent aux Monarques de Portugal ce que demande le Roi Regnant, pour des délits beaucoup moindres, & dans lesquels il ne s'agissoit point d'attentats contre la personne sacrée du Souverain. Le projet ne fait aucune mention de ces deux Brefs. Ce silence paroît affecté, & donne lieu de croire qu'on a caché ces Decrets à sa sainteté ; de peur sans doute qu'Elle ne fût frappée de l'énorme différence qui se trouve entre ces Brefs anciens, & celui que ses Ministres vouloient expédier.

De plus, l'expédition de ce Bref s'est faite de maniere à donner lieu de le regarder comme obreptice & subreptice. On ne traita jamais une affaire de cette importance ; on n'expédia jamais un Bref pour un Souverain, sans entendre son Ministre. Ici le Ministre de Portugal n'a point été appellé ; que dis-je, on lui a ôté le moyen de s'expliquer par lui-même, ou par toute autre personne. On a gardé sur cette affaire le secret le plus rigoureux ; on a choisi, pour en connoître, des hommes notoirement dévoués aux ennemis de sa Majesté très-Fidéle ; on a exclu tous ceux que l'on croyoit capable de parler en faveur du Roi. A la Rote même où les Juges sont obligés au secret, on ne laisse pas d'écouter les deux parties, on reçoit leurs écritures ; on les communique respectivement ; & néanmoins les affaires qui se jugent à ce Tribunal, sont infiniment moins importantes que celle dont il s'agit.

Ajoutons à tout ceci la conduite indécente de M. le Nonce, qui, soit de son propre mouvement, soit par ordre de sa Cour, a voulu présenter le Bref au Roi, quoique M. da Cunha, Sécretaire d'Etat, l'eût averti que le Roi ne le pouvoit accepter. Ce Nonce demanda & obtint deux audiences pour remettre à sa Majesté les deux Lettres du Saint Pere, qu'il devoit avoir outre le Bref. Mais chaque fois, au lieu de présenter ces Lettres que le Roi vouloit bien recevoir par respect pour sa sainteté, il tâcha d'engager le Prince à recevoir le Bref. Et comme le Roi persista dans la résolution que le sécretaire d'Etat avoit déja notifiée au Nonce, ce Prélat refusa au Roi en personne de lui donner les deux Lettres.

Sur l'exposé de ces faits, &c.

BILLET

Du Cardinal Torregiani, Sécretaire d'Etat, à M. le Commandeur d'Almada.

Du Palais Quirinal le 28 Novembre 1759.

Notre Seigneur m'a ordonné de remettre à votre Seigneurie Illustrissime le Mémoire ci-inclus, en réponse à celui qu'elle a présenté au S. Pere le 9 de ce mois. J'ai l'honneur d'exécuter les ordres de Sa Sainteté, & suis, &c.

RÉPONSE

Du Cardinal Torregiani au Mémoire de M. le Commandeur d'Almada.

Du Palais Quirinal le 28 Novembre 1759.

Notre Seigneur le Pape Clement XIII. n'a pû lire qu'avec une extrême surprise, & avec la plus grande amertume de son cœur paternel, le Mémoire qui lui a été présenté le 19 de ce mois de Novembre, par le Ministre Plénipotentiaire de Sa Majesté Très-Fidéle. On y fait des objections exagerées contre le Bref facultatif adressé aux Président & Commissaires du Bureau de la Conscience Royale, expédié sur la Supplique du Procureur Fiscal de la Couronne, & envoyé à Sa Majesté avec les Lettres de Sa Sainteté, en réponse à celle dont le Roi avoit accompagné cette Supplique.

Comme elle étoit fondée sur l'exécrable attentat commis contre la Personne sacrée de ce Monarque; & qu'on y représentoit vivement l'horreur qu'avoit conçu de cet attentat la très-fidéle Nation Portugaise; Sa Sainteté eut sujet de conclure que le premier & le plus pressant intérêt de Sa Majesté étoit que le scandale d'un crime si horrible fût pleinement expié par le châtiment de quiconque en seroit trouvé coupable, fût-il dans les Ordres sacrés, & même revêtu du Sacerdoce; fût-il Clerc séculier, ou de quelqu'Ordre régulier que ce pût être.

À cet effet, Sa Sainteté ne refusa pas d'accorder les plus amples facultés au Tribunal indiqué par le Procureur de la Couronne. Elle s'éleva même au-dessus de toutes les difficultés que pouvoient former la disposition des saints Canons, les égards qu'Elle fait profession d'avoir pour ses Vénérables Freres les Ordinaires locaux du Royaume, les exemples de ses Prédécesseurs, les priviléges des Ordres & Instituts réguliers. Toutes ces difficultés parurent au Saint Pere ne devoir pas l'emporter sur l'atrocité d'un crime qui avoit causé à son cœur pastoral une émotion proportionnée au tendre amour paternel dont il est pénétré pour la sacrée personne du Roi Très-Fidéle.

Sa Sainteté avoit lieu d'attendre toutes les marques de la Reconnoissance due à l'empressement avec lequel Elle s'étoit rendue aux desirs du Roi. Quelle a donc été la surprise & la douleur du Saint Pere, lorsqu'il a vu qu'on lui faisoit une querelle sur ce qu'il n'avoit pas accordé la seconde partie de la demande, tendante à ce que les pouvoirs accordés par son Bref au Tribunal de Conscience fussent étendus à tous les tems à venir & à tous les attentats qui pourroient être commis contre les Rois & les Etats de la Couronne de Portugal & des Algarves!

On s'efforce dans le Mémorial du Ministre Plénipotentiaire, de donner du corps à cette querelle, en représentant cette derniere demande comme le principal objet de la supplique du Procureur de la Couronne: mais la teneur même de cette supplique montre évidemment que ce n'est qu'un pur accessoire. On allégue les exemples d'Indults accordés,

G iv

en cas semblables, par les Papes, Prédécesseurs de Sa Sainteté, aux Sereniſſimes Rois de Portugal : mais les cinq exemples que l'on cite ne prouvent point. Le Bref de Leon X est, selon sa propre teneur, expreſſément restreint à la vie du Roi Emmanuel. Les deux premiers de Pie IV. ne concernent que les Clercs non Bénéficiers & constitués dans les Ordres mineurs, qui étant convaincus des crimes mentionnés dans ces Brefs, ne doivent point jouir de ce qu'on appelle *Privilegium fori*. On y établit pour leur Juge en premiere instance le Grand Aumônier ; & en cause d'appel, le Président du Bureau de Conscience, pourvû que ces Juges soient Evêques, Prélats, ou constitués en Dignité Eccléſiaſtique. Ainsi la disparité des dispositions de ces Indults, & la différence de qualité des personnes, tant des Juges, que des coupables qu'on soumet, dans ces Brefs, à leur Juriſdiction, ne permettent pas de les appliquer à la conceſſion que l'on demandoit à perpétuité.

Quant aux deux Brefs que Grégoire XIII. a accordés dans la même année ; & qui, en cas de rebellion & de conspiration contre l'Etat, donnent pouvoir aux Archevêques & Evêques des lieux de procéder juridiquement contre tous les Eccléſiaſtiques, même Réguliers ; & au Tribunal de Conscience, de procéder pareillement contre les Chevaliers & Chapelains des Ordres, quoique Prêtres, jusqu'à les livrer au bras séculier : s'il convenoit au Saint Pere d'élever des querelles, Sa Sainteté en pourroit fonder une avec raison, sur ce qu'on ne lui a point présenté dès le commencement ces deux Brefs ensemble. En les comparant l'un avec l'autre, on reconnoît en quels termes ont été autrefois mesurées les suppliques des Rois de Portugal, & les concessions des Souverains Pontifes; & en quelle maniere on a cru suffisamment pourvoir de part & d'autre à la sûreté des Rois & de leur Couronne.

Mais il suffit au Saint Pere de pouvoir tirer de la représentation du premier de ces Brefs, un nouveau moyen pour rabattre la querelle qu'on lui fait de n'avoir pas étendu à perpétuité la faculté extraordinaire accordée au Bureau de Conscience. La réunion des deux Indults de Grégoire XIII. de la même année, fait voir plus clair que le soleil, quelle est la regle qu'a suivie ce digne & docte Prédécesseur de Sa Sainteté, sans qu'on s'en soit plaint dans ces tems si orageux du regne du Roi Philippe I. Cette regle étoit de ne point soumettre à perpétuité au Tribunal de Conscience d'autres personnes revêtues des Ordres sacrés, que celles qui par d'autres titres y étoient sujettes; & de laisser le reste du Clergé, séculier & régulier, sous la Jurisdiction des Archevêques & Evêques des lieux, se contentant d'étendre les pouvoirs de ces Prélats aux cas pour lesquels ils n'en avoient point.

L'étonnement du Saint Pere augmente, lorsqu'il voit que, dans le Mémoire du Ministre Plénipotentiaire, on donne pour second motif de la querelle & du reproche qu'on lui fait, que la supplique présentée au Saint Pere contenant également les deux demandes, Sa Sainteté n'a eu la condescendance que d'en accorder une; ce qu'Elle a fait, au reste, en montrant la plus grande inclination de satisfaire les desirs du Roi. Car si Elle n'a pas cru pouvoir accorder l'autre, Elle en

G v.

a fait exposer les raisons de vive voix à Sa Majesté. Si donc ce Monarque avoit si fort à cœur d'établir dans ses Royaumes & Seigneuries un nouveau Reglement, comme le jugeant plus efficace que ceux qui sont prescrits par les saints Canons, & amplifiés par les Indults Apostoliques, pour prévenir des crimes si atroces; [quoique ces crimes étant aussi fortement condamnés par la Religion que par l'humanité, ils ne puissent venir à l'esprit des hommes même les plus scélérats, sans leur causer de l'horreur;] en ce cas, le dessein de Sa Majesté pouvoit bien donner lieu à de nouvelles représentations, à de nouveaux projets; mais non pas à des querelles ni même à des plaintes. Ce dernier procédé répond mal à la piété du Roi, & à l'amour dont le cœur du S. P. est pénétré pour la personne sacrée de sa Majesté, & dont il lui a donné la plus grande preuve dans cette occasion, par les amples pouvoirs que le Bref, contre lequel on déclame, accorde au Tribunal que sa Majesté avoit indiqué.

Sa Sainteté résolue de persévérer constamment dans sa bienveillance Pontificale, veut bien permettre l'examen du projet que le Ministre Plénipotentiaire lui propose pour l'avenir, & des représentations ultérieures qu'il a faites à ce sujet. Elle consent donc qu'il se tienne à cette fin des conférences particulieres entre ce Ministre de la part de sa Majesté Très-Fidéle, & Messieurs les Cardinaux Cavalchini, Prodataire, & Torregiani, Sécrétaire d'Etat, dans l'appartement du dernier, aux jours & heures dont on sera convenu. S. S. ne refuse pas de prêter l'oreille aux Propoſitions raiſonnables qu'on lui fera , & aux motifs qu'on expoſera , pour la convaincre que les Royaumes & Etats de ſa Majeſté Très-Fidéle ont beſoin d'un nouveau Reglement général & perpétuel ſur la matiere dont il eſt queſtion.

Quant à ce qui concerne, 1°. la conduite tenue par M. l'Archevêque de Petra , ſon Nonce en Portugal, aujourd'hui Cardinal Acciajuoli , dans tout ce qui s'eſt paſſé par rapport à la préſentation qu'il devoit faire au Roi du paquet envoyé par ſa Sainteté, dans lequel le Bref étoit inclus avec les Lettres du Saint Pere ; 2°. La réunion de ce Bref avec les Lettres ſous la même enveloppe ; 3°. La conduite qu'on a tenue à Rome pour l'expédition & l'envoi du même Bref : les plaintes de la Cour de Lisbonne ſur ces trois griefs étoient déja parvenues au Saint Pere depuis le commencement d'Octobre par le canal de ce Nonce. Il a lû de plus les billets de M. da Cunha, Sécrétaire d'Etat de ſa Majeſté Très-Fidéle pour les affaires étrangeres , attachés au Mémoire du Miniſtre Plénipotentiaire. Sa Sainteté a reconnu que le Nonce Apoſtolique s'étoit conduit en tout conformément à ſes intentions Pontificales & à ſes ordres. En conſéquence , Elle a ordonné à ce Cardinal Nonce de préſenter au Miniſtere du Roi un Mémorial où il ſera fait un expoſé clair & préciſ des fondemens & des motifs , tant de ſa conduite perſonnelle que de celle qu'on a tenue à Rome au ſujet de cette affaire. Le Saint Pere ſe flatte que la lecture du Mémorial convaincra la Cour & le Souverain de la droiture des intentions de ſa Sainteté , & de l'honnêteté des procédés de ſon Nonce. Cette confiance est d'autant plus fondée, que ce Prélat a eu ci-devant, dans tout le cours de sa Nonciature, l'avantage de plaire par sa conduite moderée, pacifique & respectueuse envers le Souverain, & pleine d'attentions & d'égards pour ses Ministres. Sa Sainteté ne peut en dire autant de celle que le Ministre Plénipotentiaire de sa Majesté Trè-Fidéle a tenue à Rome : Elle s'est crue obligée d'en porter les plaintes au Trône de sa Majesté.

Enfin pour ce qui regarde les Religieux de la Compagnie de Jesus, les résolutions prises par sa Majesté à leur égard, & déja exécutées en grande partie; Sa Sainteté a exprimé dans sa [seconde] Lettre au Roi *ses invariables sentimens à ce sujet.* Cette Lettre est connue de sa Majesté, puisqu'Elle en a la copie dès le commencement de Septembre, comme l'atteste M. da Cunha, Sécrétaire d'Etat, dans son billet du 7. du même mois. Les sentimens du saint Pere sont invariables sur ce point, parce qu'ils sont appuyés sur la Justice, qui ne peut souffrir que l'on confonde les Innocens avec les coupables, ni que la peine qu'ont PEUT-ETRE méritée quelques Particuliers de cette Compagnie, pour la punition desquels sa Sainteté a accordé tous les pouvoirs qu'on lui a démandés, s'étende jusqu'à deshonorer & à perdre tout le Corps dont ils sont Membres. Ce Corps professe un Institut approuvé & honoré de l'estime des Souverains Pontifes, Prédécesseurs de sa Sainteté. Il est utile à l'Eglise Catholique. Il *jouit de la protection du Saint Siége, & de celle de Sa Sainteté, dont les sentimens ne changeront jamais à cet égard.* Ils sont conformes aux arrangemens pris entre les deux Cours, dans le tems que le Roi T. F. proposa au Pape Benoît XIV, de sainte mémoire, qui l'accepta, le parti de commettre un Visiteur Apostolique, lequel, muni de tous les pouvoirs nécessaires, visiteroit par lui-même & & par le moyen de ses Subdélégués, toutes les Provinces, Colléges & Maisons de la Compagnie de Jesus, situés dans les Royaumes & États de la Couronne de Portugal ; y réformeroit tout ce qui seroit contraire à la discipline Ecclésiastique & Réguliere ; corrigeroit même & puniroit tous les particuliers de cette Compagnie qu'il trouveroit coupables de transgression des Loix publiques, des saints Canons, & des régles de leur propre Institut.

Sa Sainteté n'a aucune raison de se départir de cet arrangement. Demeurant donc toujours ferme & constante dans les mêmes sentimens, Elle déclare qu'Elle est toute disposée à ordonner les plus rigoureuses procédures contre tout sujet quelconque de la même Compagnie, qui, soit à Rome, soit en tout autre lieu, seroit personnellement accusé, & convaincu d'être coupable des attentats & des calomnies mentionnées dans le Mémoire.

S'il étoit également prouvé que quelqu'un des Ministres de sa Sainteté, soit dans sa propre Cour, soit en toute autre, eût pris part à ces attentats & calomnies, ou se fût, en quelque maniere que ce soit, écarté des maximes & des régles de Justice, qui sont l'unique base des sentimens du Souverain Pontife sur ce point, sa Sainteté ne manqueroit pas aussi-tôt de donner au monde entier les preuves les plus éclatantes de sa souveraine improbation.

V.

LETTRE

De M. d'Almada au Cardinal Sécretaire d'Etat, en réponse au Mémoire précédent.

A l'Hôtel, ce 4 Décembre 1759.

J'Envoye à M. le Cardinal, sécretaire d'Etat, tout ce que la prudence permet de répondre, pour le présent, au Mémoire qu'il m'a envoyé ; & je suis avec respect, son très-humble, &c.

QUoiqu'il y ait une infinité de choses à répliquer au Mémoire reçu le 28 du passé, le desir qu'on a de retrancher, autant qu'il sera possible, de la part de Sa Majesté très-Fidéle, tout ce qui peut rendre difficile une conciliation raisonnable, a fait regarder comme plus convenable de supprimer, quant à présent, tout ce qui pourroit commettre de plus en plus les deux Cours.

En se bornant donc à la partie la plus essentielle du Mémoire, on estime superflu, pour l'affaire particuliere dont il s'agit, d'en venir aux conférences proposées ; puisque le Ministre Plénipotentiaire n'a rien de plus à dire que ce qu'il a représenté de vive voix & répété par écrit ; & que ses instructions l'autorisent seulement à demander à sa sainteté une réponse formelle & cathérorique, telle qu'elle puisse être, & à l'envoyer aussi tôt par un courier ;

afin que sa Majesté puisse prendre, suivant cette réponse, ses résolutions ultérieures.

Cependant ce Ministre, pour convaincre sa sainteté qu'il est animé du desir le plus ardent d'éloigner, autant qu'il est en lui, tout sujet de dissention entre les deux Cours; que la paix & l'union sont bien sincérement l'unique but où tendent ses vûes & ses démarches; il se détermine à user de tous les pouvoirs que lui donne son caractere de Plénipotentiaire, pour présenter le projet suivant, dans la confiance que sa Cour ne refusera pas de l'accepter. Ce projet consiste à proposer à sa sainteté, qu'*Elle accorde au Tribunal de Conscience le pouvoir de procéder jusqu'à la peine de mort inclusivement, contre tous les Ecclésiastiques & Prêtres Séculiers ou Réguliers, dans le cas présent, ainsi que Sa Sainteté l'a déja accordé : & qu'Elle accorde à ce Tribunal pour l'avenir le même pouvoir indéfini, pour les crimes de Leze-Majesté; avec cette condition, que ledit Tribunal sera présidé par une personne constituée en dignité Ecclésiastique, & agréable à Sa Majesté très-Fidéle.*

L'équité & la convenance de ce projet se présente d'elles-mêmes si clairement, qu'il n'est nullement besoin de l'appuyer d'aucun raisonnement.

Mais le Ministre demande pour grace spéciale, qu'on veuille bien rendre une réponse le plus promptement qu'il sera possible, afin qu'elle puisse arriver à Lisbonne avant le courier ordinaire. Car il a sujet de craindre qu'on ne l'accuse de négligence à envoyer cette réponse aussi-tôt qu'il lui étoit ordonné par ses instructions: dans lesquelles, au surplus, il proteste que l'expédient qu'il vient de propo-

fer, n'étoit indiqué en aucune maniere : il est
le plus pur effet de son zèle pour la concorde
entre les deux Cours.

X

PREMIER EDIT

Portant déclaration de Rupture entre la
Cour de Rome & celle de Portugal.

FRANÇOIS D'ALMADA ET MENDOZZA, du
Conseil de Sa Majesté très-Fidèle, & son Mi-
nistre Plénipotentiaire auprès du Saint Siége
Apostolique.

JE fais sçavoir à tous les Sujets du Roi
notre Seigneur, qu'après la persévérance
exemplaire qu'a montrée depuis long-tems ledit Seigneur Roi, par une suite de faits déci-
sifs, mais toujours repoussés par le Ministere
politique de la Cour de Rome, Sa Majesté
voyant que tous les canaux qui pouvoient porter ses instances jusqu'à Sa Sainteté, sont absolument bouchés, l'expérience réitérée de
tant de condescendances rendues successivement inutiles pendant si long-tems, ne lui
laisse plus aucune espérance de faire parvenir
ses suppliques respectueuses jusqu'à la personne
du Saint Pere : Que voyant le même Ministere pousser son animosité extraordinaire, scan-
daleuse & inouie, jusqu'à l'excès de déclarer
une rupture avec ledit Seigneur Roi; après
tant de procédés indécens, il n'est plus possible à Sa Majesté de garder à Rome un Mi-

nistre public & un nombre de Sujets honorables & fidéles ; puisqu'ils n'y seroient plus que spectateurs des insultes que le susdit Ministere politique & les partisans qu'il s'est associé, ne manqueront pas d'accumuler, comme ils l'ont déja fait, contre l'autorité souveraine dudit Seigneur Roi & contre l'honneur du S. Siége, par des discours & des Ecrits toujours plus libres, au scandale général de toute l'Europe.

C'est pourquoi notre Monarque se voit forcé d'ordonner au susdit Ministre plénipotentiaire, à tous les sujets de sa Couronne & à tous autres qui, comme tels, jouissent & possédent des Bénéfices ecclésiastiques dans ses Etats, qu'ils aient à sortir promptement d'une Cour, où sans pouvoir être utiles au Souverain Pontife, ils ne feroient que rendre plus graves par leur présence les atteintes portées à toute heure aux droits de l'autorité Royale : Autorité que Sa Majesté très-Fidéle ne peut se dispenser de conserver dans la même intégrité & indépendance, quant au temporel, où ses augustes Prédécesseurs la lui ont transmise, sans se rendre responsable à Dieu, à l'Eglise Catholique, de laquelle il se glorifiera toujours d'être le fils très-dévoué & le très-zélé défenseur, & à tous les Monarques de l'Univers.

Il est donc enjoint par Sa Majesté à tous ses Sujets, de se trouver, le 3 du présent mois de Juillet à 21 heure d'Italie, chez son Ministre plénipotentiaire, pour qu'on y puisse faire une liste exacte de tous & chacun d'eux.

Et afin que ces Royales & indispensables résolutions de Sa Majesté très-Fidéle parviennent à la connoissance de tous ses sujets, j'ai fait faire le présent Edit, qui, signé de ma main, sera affiché à l'Hôpital Royal de S. Antoine, de la Nation Portugaise, à ce qu'aucun desdits Sujets n'en puisse prétendre cause d'ignorance.

Donné au Palais de ma résidence, le 2 Juillet 1760. *Signé*, François d'Almada et Mendozza.

Par ordre de Monseigneur,

Signé, P. Antoine Rodriguez, *Secrétaire.*

Y

SECOND EDIT

Portant suspension de la Rupture déclarée par le premier.

François d'Almada et Mendozza, *du Conseil de Sa Majesté très-Fidéle, & son Ministre Plénipotentiaire auprès du saint Siége Apostolique.*

JE fais savoir à tous les Sujets du Roi notre Seigneur, que le très-saint Pere, par un effet de sa bonté ordinaire, a reconnu combien il étoit impossible que, malgré la défense positive du Roi, son Ministre Plénipotentiaire continuât d'avoir correspondance avec le Ministere politique de Sa Sainteté, par lequel Sa Majesté très-Fidéle se trouve si grièvement offensée: Qu'en conséquence Sa Sainteté a bien voulu député, à l'exclusion absolue dudit Ministere politique, l'Eminentissime & Révérendissime Cardinal Corsini, Protecteur de la Couronne de Portugal, pour traiter & conférer avec ledit Ministre Plénipotentiaire. Comme il espere qu'au moyen de la délégation d'un si digne & si zélé Cardinal, il s'ouvrira quelque nouvelle voie sûre de procurer à Sa Majesté très-Fidéle les satisfactions qui lui sont dues, avec la promptitude qu'exigent les conjonctures ; ledit Ministre a crû devoir prendre sur lui de suspendre la Rupture qui a été publiée le 2 du présent mois de Juillet ; afin que le saint Pere puisse à loisir faire reflexion sur ce qui est dû à un Monarque assassiné dans sa propre Cour, par les complots d'une Congrégation d'hommes consacrés à Dieu par leur profession ; complots qui ont été constatés par des preuves juridiques & un Jugement solemnel : à un Monarque qui, outre cet exécrable attentat, se trouve très-griévement offensé depuis plus d'un an dans la Cour même du Chef de l'Eglise Catholique, par des insultes & des calomnies, qui mettroient tout simple particulier dans l'obligation de s'en plaindre : & afin que ces reflexions déterminent Sa Sainteté à donner les satisfactions nécessaires & que mérite bien un Monarque, qui les attend si religieusement de l'inflexible justice du S. Pere.

Pour faire parvenir cette suspension à la connoissance de tous les Nationaux & sujets de Sa Majesté, j'ai fait dresser le présent Edit, qui, signé de ma main, sera affiché à l'Hôpital Royal de saint Antoine, de la Nation Portugaise.

DONNÉ au Palais de ma résidence le 4

Juillet 1760. Signé, FRANÇOIS D'ALMADA ET MENDOZZA.

Par ordre de Monseigneur,

Signé, P. Antoine RODRIGUEZ,
Secrétaire.

Z

TROISIEME EDIT,

Par lequel l'ordre qui avoit été signifié aux Portugais résidens dans l'Etat Ecclésiastique, d'en sortir incessamment, est suspendu pour trois mois.

FRANÇOIS D'ALMADA ET MENDOZZA, *du Conseil de Sa Majesté très-Fidéle, & son Ministre Plénipotentiaire auprès du saint Siége Apostolique:*

Guidé par la connoissance certaine que j'ai du dévouement exemplaire, dont le Roi, mon Seigneur, a toujours fait profession envers le saint Siége, & dont, en imitant, ou même surpassant ses augustes Prédécesseurs, il a donné successivement des preuves constantes à notre saint Pere; ce n'est pas sur un vain prétexte, mais par un motif bien réel, que j'ai pris sur moi de suspendre la rupture formellement déclarée le 2 du présent mois de Juillet. J'étois certain que sa Sainteté, par une généreuse condescendance, effet de sa bonté naturelle, avoit choisi l'Eminentissime & Révérendissime Cardinal Protecteur; afin que les

Représentations dudit Seigneur Roi pussent arriver sans altération, par les mains d'un Cardinal si zélé, jusqu'à la Personne du très-saint Pere. Cependant cette Délégation a eu un succès tout contraire à celui que j'en attendois: ce qui m'oblige à sortir de Rome sans aucun délai, avec le plus grand regret de ne pouvoir aller aux pieds de sa Sainteté, recevoir la Bénédiction Apostolique.

Dans ces conjonctures, je fais sçavoir à tous les sujets de Sa Majesté, qu'Elle m'ordonne, ainsi qu'à tous ses sujets & vassaux, même à ceux qui, comme tels, jouissent de Bénéfices dans ses Royaumes & Domaines, de sortir de cette Cour & de l'Etat Ecclésiastique.

Cependant, comme j'ai fait reflexion que plusieurs & même la plûpart desdits sujets ne pourroient exécuter cet ordre avec toute la promptitude qu'exigeroient les circonstances présentes, sans exposer leur vie à un grand danger, attendu les chaleurs excessives de la saison; je me détermine de moi-même, en attendant que j'en aye informé Sa Majesté très-Fidéle, à proroger ledit ordre, jusqu'à la fin du mois de Septembre prochain. Je me flatte que l'amour de ce pieux Monarque pour ses fidéles sujets, & son zéle pour leur conservation, lui feront approuver le délai que je crois devoir accorder.

DONNÉ au Palais de ma résidence, le 6 Juillet 1760. *Signé*, FRANÇOIS D'ALMADA ET MENDOZZA.

Par ordre de Monseigneur,
Signé, P. Antoine RODRIGUEZ, *Sécretaire.*

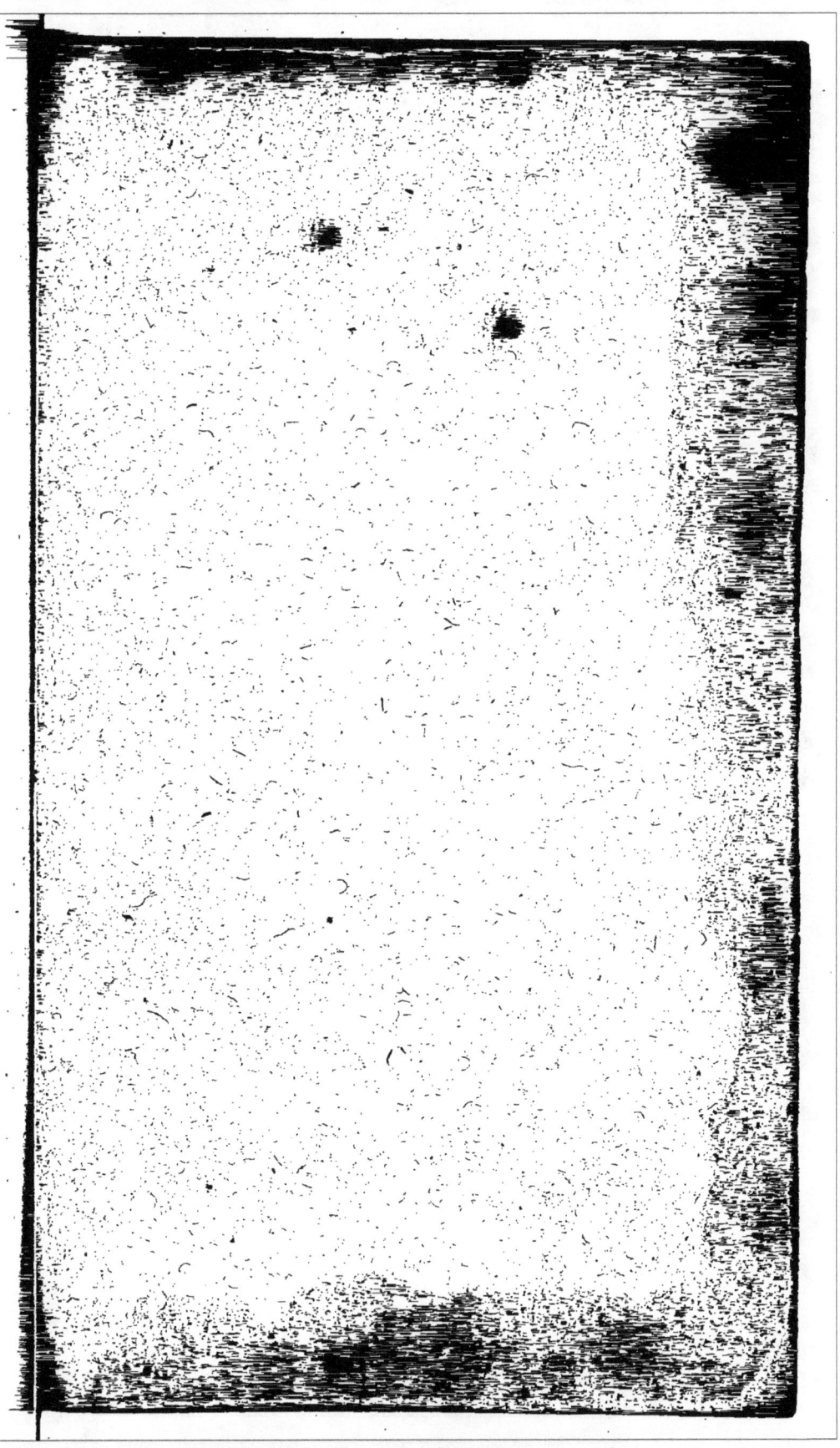

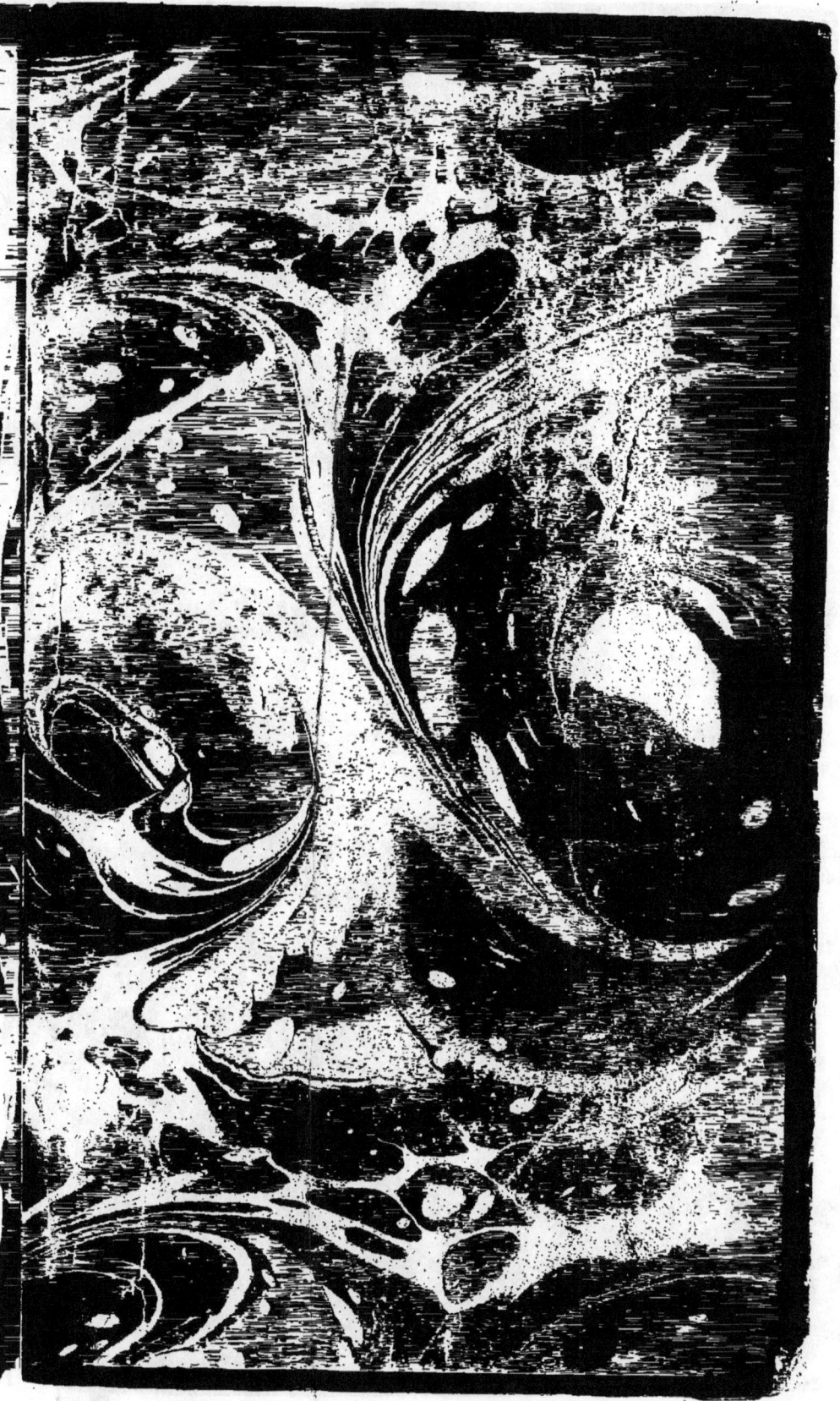